MW00640117

21-3-05

HÁGASE ESTAS PREGUNTAS

Debbie Ford

Antes de tomar una decisión en su vida

Hágase estas preguntas

URANO

Argentina - Chile - Colombia - España
Estados Unidos - México - Uruguay - Venezuela

Título original: *The Right Questions*
Editor original: HarperSanFrancisco, A Division of HarperCollinsPublishers
Traducción: Alicia Sánchez Millet

© 2003 *by* Debbie Ford
© 2005 de la traducción *by* Alicia Sánchez Millet
© 2005 *by* Ediciones Urano, S. A.
Aribau, 142, pral. - 08036 Barcelona
www.edicionesurano.com
www.mundourano.com

ISBN: 84-7953-573-3
Depósito legal: B. 13.634 - 2005

Fotocomposición: Ediciones Urano, S. A.
Impreso por Romanyà Valls, S. A. - Verdaguer, 1 - 08786 Capellades (Barcelona)

Impreso en España - *Printed in Spain*

A mi querido padre que está en el cielo,
el honorable juez Harvey Ford,
que me enseñó el poder y la fuerza
de plantear las preguntas correctas.

Tu sabiduría mora en mi corazón.

Índice

Agradecimientos

Tengo la bendición de haber recibido el amor, el apoyo y la colaboración de muchas personas maravillosas y con talento. En realidad, no hay palabras que puedan describir lo que cada uno de vosotros ha aportado a mi vida y trabajo. Aunque no os puedo mencionar a todos, quiero expresar mi más sincero agradecimiento especialmente a algunos de vosotros.

A mi hermana Arielle Ford y a su pareja, Brian Hilliard, por ser quienes han forjado mis sueños. A Katherine Kellmeyer por ser una publicista excepcional, y a todo el equipo de The Ford Group y Dharma Teamworks. A Danielle Dorman, gracias por todas las maneras en que has contribuido a mi trabajo, a mi vida y a este libro. Tus pensamientos, palabras, claridad y apoyo incondicional me han apoyado en más formas de las que te imaginas. Gracias al profesional e impecable equipo de HarperSanFrancisco: Liz Perle, mi sorprendente editora y amiga, Gideon Weil, Steve Hanselman, Marjorie Buchanan, Calla Devlin, Lisa Zuniga, Jim Warner y Carl Walesa. Gracias por vuestro compromiso con la excelencia. Quiero dar especialmente las gracias a Christopher Jasak, de Envie Salon, y a Jeremiah Sullivan y Robert Bennett por conseguir de nuevo que fuera posible. Este libro no hubiera sido posible sin el cuidado y la pericia de cada uno de vosotros.

A la extraordinaria Geeta Singh, de Talent Exchange, por su dedicación y devoción. A Justin Hilton, Cliff Edwards y Jeff Malone por ser brillantes y poder confiar en ellos. A Stephen Samuels, Anne Browning, Donna Lipman, Julia Aspinwall, Angela

Delyani Hart, Beth Bennett y al resto de mi extraordinario equipo del Ford Institute for Integrative Coaching. Quiero que sepáis que todos sois para mí una fuente de inspiración y que no sería la que soy sin vosotros. A David Goldsmith y Michael Greene, del Goldsmith Group, por vuestros expertos consejos y apoyo para dirigir mi negocio. A los cientos de *Integrative Coaches* que os habéis dedicado a transformar vidas y a dar a conocer este trabajo al mundo. Vuestro compromiso me conmueve y motiva. Gracias por compartir vuestras vidas conmigo.

A mis muchos amigos y amigas que son mis incansables puntales y que tanto aportan a mi vida y a mi trabajo: a Gary Ravet por enseñarme el amor supremo, a Cheryl Richardson por tu perfecto *coaching*, a Robby Lee por tu extraordinaria guía, a Rachel Levy por ser siempre mi principal fan, a Randy Thomas por darme el mejor de los regalos, y a Alanis Morissette por «no dejarme en paz». ¡Qué afortunada soy de teneros a todos!

A mi querida madre, Sheila Fuerst; a mi hermano, Michael Ford; a mis ángeles terrenales Kyda Kreizenbeck y Alisha Schwartz, y al resto de mi familia y amigos por su inagotable amor y apoyo. A mi hijo Beau y a sus dos mejores amigos, Stephen Wilkinson y Ryden Nelson, por enseñarme lo que es la verdadera dicha.

A Ammachi, por ser una sorprendente maestra y un ejemplo vivo de lo que es el servicio.

1

El momento de la elección

Cada día tomamos una serie de decisiones que tendrán un efecto sobre nuestras vidas. Algunas de ellas son de menor importancia y su efecto sólo durará unos pocos minutos, horas o días, mientras que otras cambiarán por completo el curso de nuestra vida. Algunas decisiones son fáciles, otras no tanto. Unas nos llevan directamente al éxito, otras a enfrentarnos frente a frente al fracaso. Unas son de suma importancia, mientras que otras son insignificantes. Pero lo esencial que todos hemos de saber es que, al margen de lo grande o pequeña, fácil o difícil que sea cada elección que hacemos, individual o colectivamente, ésta alterará el rumbo de nuestras vidas. La calidad de nuestras decisiones dictaminará si tendremos que debatirnos con la frustración, o vivir una vida extraordinaria, la vida de nuestros sueños.

Nuestra capacidad para tomar decisiones implica ciertos derechos y libertades. Si podemos elegir, podemos determinar qué decisiones tomaremos respecto a nuestro cuerpo, salud, relaciones, finanzas, carrera, vida social y creencias espirituales. La elección nos permite escoger, seleccionar y decidir los caminos. Ir a izquierda o derecha. Ir adelante o hacia atrás, ser felices o estar tristes, amables o resentidos, satisfechos o descontentos. La elección nos da el poder para tener éxito o no sentirnos realizados, estar bien o de maravilla, sentir placer o dolor. Podemos tomar chocolate o vainilla, trabajar o jugar, ahorrar o gastar, ser responsables o sentirnos víctimas. Podemos estar ocupados o no hacer casi nada, ser fieles o infieles, disciplinados o perezosos. Podemos seguir un camino que refleje a nuestro yo más elevado o a nuestro yo más bajo. En última instancia, somos nosotros los que elegimos.

Lo que nos hace especiales y nos distingue de todas las otras formas de vida es nuestra capacidad para valorar nuestras opiniones y tomar decisiones conscientes y deliberadas. La elección ha de ser nuestro don más precioso. Cuando éramos más jóvenes, estábamos ansiosos por que llegara el momento en que nadie nos dijera lo que teníamos que hacer. Veíamos nuestra capacidad para elegir por nosotros mismos como un precioso don. Esperábamos ardientemente el día en que pudiéramos liberarnos de años de reglas familiares y por fin tomar las riendas de nuestra vida. Anhelábamos el momento en que pudiéramos ir a nuestro ritmo y convertirnos en los amos de nuestro destino, saboreábamos ese momento definitivo en que pudiéramos decidir cuándo levantarnos, cuándo y qué comer, cuándo irnos a la cama. Como jóvenes adultos, el derecho a elegir equivalía a la libertad. Nuestra habilidad para decidir por nosotros mismos desataba la posibilidad ilimitada de crear un futuro con nuestros sueños y deseos. La elección nos ofrecía esperanza, nos prometía una vida excitante, una vida donde fuéramos libres para diseñar y crear todo lo que se nos antojara. Como jóvenes adultos tomar decisiones era excitante, porque nos sentíamos bien haciéndolo, porque encerraban la promesa de la satisfacción y la gratificación.

En nuestra juventud es fácil decir: «Más adelante haré realidad mis sueños», o «El año que viene será mi año». La juventud nos aporta el lujo de creer que «un día» llegaremos mágicamente al destino de nuestros sueños. Pero luego pasa algo. La edad adulta nos atrapa y se instaura la aleccionadora realidad: ese día que habíamos estado esperando no llegará por arte de magia.

Nuestro hoy se basa en las decisiones que tomamos ayer, hace tres días, tres meses, tres años. No terminamos teniendo una deuda de cincuenta mil dólares a consecuencia de una sola decisión.

No engordamos quince kilos a raíz de un par de malas decisiones. Nuestras relaciones no terminan de la noche a la mañana por una mala decisión. Estamos donde estamos debido a las decisiones que hemos tomado día tras día, consciente o inconscientemente, que contribuyen a la realidad en la que nos encontramos.

Si queremos entender cómo y por qué hemos creado nuestra realidad actual, lo único que hemos de hacer es observar las decisiones que tomamos en el pasado. Examinar nuestras circunstancias actuales nos demostrará que estamos donde estamos a raíz de las decisiones que tomamos ayer o con anterioridad. Asimismo, si queremos saber cómo serán nuestras vidas en el futuro, hemos de examinar las decisiones que tomamos hoy. Quizá nunca nos habíamos planteado la vida de este modo. Pero el hecho es que nuestro futuro viene determinado por las elecciones que hacemos en este momento. Entonces, ¿por qué la mayoría de las personas piensan tan poco en sus decisiones? ¿Por qué no contemplan las cosas de dos formas antes de seguir adelante y no consideran nunca todas sus opciones y sus consecuencias? Nuestra vida no es un juego de dados, ni mala suerte, ni nuestros padres, pareja o jefe están equivocados. Este hecho encierra buenas y malas noticias. La mala noticia es que somos los únicos responsables de la condición de nuestra vida. La buena noticia es que nosotros, y sólo nosotros, tenemos el poder de cambiar nuestras vidas, y que podemos hacerlo cuando nos plazca.

En realidad, es algo bastante simple: si queremos que nuestra vida sea diferente, lo único que hemos de hacer es elegir otras cosas. La mayoría de las personas seguimos eligiendo las mismas cosas por costumbre, comodidad, miedo o pereza, y luego nos preguntamos por qué no obtenemos otros resultados. Lo cierto es que estamos tan ocupados intentando sobrevivir que ni siquiera nos damos cuenta de que nuestras elecciones y acciones no se traducen en nuestros sueños y esperanzas. Estamos tan ocupados «haciendo» algo en nuestra vida cotidiana, que tomamos la vía más fácil y habitual o el camino que ofrezca menor resistencia, aunque nos conduzca a un lugar al que realmente no queremos ir. La mayoría vamos a trompicones haciendo lo que podemos, sin ser conscientes y sin las herramientas que necesitamos para cambiar el curso de nuestras vidas. Luego, cuando nos despertamos, nos traumatizamos al descubrir que hemos estado trabajando hacia las mismas metas y deseos durante años y que todavía no estamos donde nos gustaría estar.

La mayoría hemos perdido de vista la relación entre nuestras elecciones, acciones y resultados. En lugar de responsabilizarnos del estado actual de nuestros asuntos, nos convertimos en maestros de adjudicar culpas, con la pretensión de que todo es culpa de otro cuando nuestra vida no resulta ser el país de las maravillas que queríamos que fuera. Podemos incluso señalar a otros, en lugar de revisar las decisiones que hemos tomado, que son las que nos han conducido exactamente adonde nos encontramos hoy. Sin ser plenamente conscientes de nuestras decisiones, no podemos hacer más que repetir los patrones del pasado.

LAS PREGUNTAS CORRECTAS

Si tienes intención de crear tus metas y la vida que deseas, tendrás que tomar nuevas decisiones que te conducirán a nuevas acciones. Este libro es tu mapa de carretera. Las diez sencillas preguntas que encontrarás en estas páginas —que he optado por llamar «Las preguntas correctas»— te darán el poder y la inspiración para crear conscientemente una vida con la que puedas sentirte bien, las elecciones de una en una. Te ayudarán a que seas consciente de las decisiones importantes y de sus consecuencias. Te guiarán y apoyarán para decidir correctamente. Y encontrarás la vía más directa hacia tus sueños.

Las preguntas correctas consisten en diez poderosas indagaciones diseñadas para revelar lo que motiva tus acciones. Las respuestas a estas preguntas aclararán inmediatamente tu pensamiento y te apoyarán cuando tengas que decidir para conseguir el mejor resultado. Son engañosamente simples pero increíblemente poderosas, y se pueden utilizar en cualquier situación o encrucijada. Aquí están las preguntas correctas:

- ¿Me aportará esta decisión un futuro inspirador o me dejará anclado en el pasado?
- ¿Me aportará esta decisión una satisfacción a largo plazo o sólo una gratificación inmediata?
- ¿Estoy siendo yo mismo o intento complacer a otro?
- ¿Veo lo bueno o lo malo?
- ¿Esta decisión reforzará mi fuerza vital o me robará energía?
- ¿Utilizaré esta situación como un catalizador para crecer y evolucionar o me servirá para hundirme?
- ¿Esta decisión me da poder o me lo quita?
- ¿Es un acto de autoestima o de autosabotaje?
- ¿Es un acto de fe o de miedo?
- ¿Elijo desde mi divinidad o desde mi condición humana?

¿Por qué precisamente estas preguntas? Una vez le oí decir al orador motivacional Tony Robbins: «Las preguntas de calidad crean una vida de calidad». La calidad de nuestra vida es la suma de todas nuestras decisiones. Para tomar decisiones de calidad hemos de ver con claridad. Plantear preguntas para elegir aumenta nuestra conciencia y aclara los resultados que podemos esperar de nuestras acciones. Cuando hacemos estas preguntas en el proceso de toma de decisiones, vemos inmediatamente si la decisión que estamos a punto de tomar es una expresión de nuestra claridad o de nuestra oscuridad, si la elección procede de nuestra visión y sueños o de nuestros miedos y dudas. Estas preguntas nos aportan la sabiduría necesaria para hacer que lo que anteriormente era inconsciente se vuelva consciente, a fin de poder elegir con todo el poder que procede de ser plenamente conscientes.

COMPRENDER EL IMPACTO
DE NUESTRAS DECISIONES

Nuestras decisiones afectan a nuestro estado de ánimo y al modo en que nos sentimos respecto a nosotros mismos. Influyen en la calidad de nuestras relaciones con nosotros mismos, con los demás y con el mundo. Para toda acción hay una reacción igual y opuesta, como dice la ley de causa y efecto. Ninguna acción pasa inadvertida. Podemos engañarnos a nosotros mismos creyendo que nuestras acciones no importan, especialmente si pensamos que nadie se enterará o que nadie nos está observando. Pero todas nuestras acciones tienen un efecto en nuestro futuro. Si observamos a las personas que han hecho algo importante en el mundo, veremos que han tomado decisiones valientes. Observaremos que llegaron a las mismas con claridad, certeza y enfoque. Se disciplinaron para tomar decisiones que no siempre fueron cómodas o sencillas. Emprendieron acciones que alimentaron su fuerza vital, sus propósitos y sus sueños. Cada vez que tomamos una decisión que no guarda relación con nuestros deseos más profundos, no sólo nos estamos alejando de lo que decimos querer en la vida, sino que estamos apagando nuestra fuerza vital, ese poder interior único que nos mantiene vivos espiritual y físicamente.

Cuando hacemos las preguntas correctas y tomamos las decisiones acertadas, alimentamos nuestra fuerza vital. Hace varios años, durante un retiro de fin de semana dirigido por Ammachi, una mujer india que es una maestra espiritual para muchas personas en todo el mundo, llegué a entender esta fuerza vital como nunca me había sucedido antes. Me sentía agotada y decidí ir al retiro de Amma acompañada de mi hijo Beau con la intención de realizar un trabajo interior profundo. Sabía que tenía que hacer algunos cambios en mi vida, pero no estaba segura de qué era lo que estaba mal, qué era lo que debía hacer ni en qué dirección ir. Un fin de semana de oración y meditación parecía ser el tónico perfecto para aclararme con los cambios que tenía que hacer.

Cuando llegué al retiro, entré en un enorme salón de baile de un hotel. Me senté junto con otros centenares de participantes y empecé a meditar. Me costó concentrarme. Lo cierto es que me sentía tan desequilibrada que no podía estarme quieta. En lugar de interiorizarme, me marché de la sala y empecé a dar vueltas por los jardines del hotel. Fuera se estaba de maravilla. Escuchar a los pájaros y notar el aire en mi rostro oyendo el sonido que hacía al acariciar los árboles era justo lo que necesitaba mi alma. Poco a poco empecé a relajarme y a entrar en el ritmo natural del retiro. Entonces vi que todo el mundo había salido al jardín para hacer una meditación a primera hora de la tarde. Encontré un hueco en un banco y me junté al grupo.

Al cerrar los ojos y llevar mi atención a la respiración, noté lo superficial que era; sólo podía escuchar un ligero susurro de lo que sabía que debía ser un potente flujo de aire. Me relajé todavía más y autoricé a mi yo a entregar todo mi saber y todo lo que sentía. Mi única oración era no interponerme en mi camino para recibir la guía que sabía que había para mí en presencia de esa mujer divina y para el resto de buscadores espirituales. Cuando por fin me dejé ir, tuve una preciosa visión. Vi mentalmente cómo Ammachi entraba en mi conciencia. Inhalé profundamente para absorber la sabiduría que estaba recibiendo, y pude sentir cómo mi corazón se abría de par en par a la verdad de sus palabras.

En mi meditación, oí que me decía que no podría continuar impartiendo mi enseñanza a menos que realizara cambios importantes en mi vida. Me dijo que estaba quemada, que me faltaba fuerza y vitalidad para seguir el rápido ritmo de mi vida. Entonces me mostró una imagen que cambió mi vida para siempre. En mi meditación me mostró la parte inferior de mi abdomen y dijo: «Todos llevamos una llama. La tuya es muy pequeña. Es sólo una llamita». Me dijo que las decisiones que estaba tomando no alimentaban mi fuego interior, sino que estaban mermando su fuerza. Luego vi la imagen de una llama sana. Era una llama brava y rugiente. Su centro era fuerte, brillante y poderoso, de color oro, ámbar y rojo. Esta llama vital interna saludable era muy diferente de la que acababa de ver en mí, que era pequeña, opaca y débil. El centro de mi fuego era débil, tímido y denotaba cansancio. Parecía como si no hubiera leña y que se fuera a apagar de un momento a otro. Escuché con más atención y recibí la información más importante que me han dado jamás.

Cada uno de nosotros tenemos una llama interior que es la que mantiene nuestra fuerza vital. Todas las decisiones que tomamos o bien avivan esta fuerza, la fortalecen, hacen que nuestra llama arda con más fuerza, o bien reducen la fuerza y apagan nuestra llama interna disminuyendo su poder.

Cuando nuestro fuego interior ruge, nos sentimos fuertes, poderosos y seguros. Tenemos la fuerza y el valor para hablar con sinceridad, y la humildad y claridad para pedir lo que necesitamos. Una llama saludable inunda nuestra mente de visión e inspiración, y nos da energía para visualizar nuestros sueños e ir tras ellos. Cuando nutrimos nuestro fuego interno, vemos con gran claridad y actuamos con un enfoque total. Una llama fuerte nos impulsa hacia estados de conciencia más elevados, donde residen la autoestima y la libertad emocional.

Cuando nuestra llama es pequeña, somos vulnerables, frágiles y débiles. Tenemos miedo y somos aprensivos, estamos llenos de preocupación y de dudas. Cuando no hemos cuidado nuestra llama, necesitamos cosas externas que nos hagan sentirnos mejor. No nos comunicamos con los demás, porque no nos sentimos merecedores de amor y de felicidad. Cuando nuestra llama es pequeña, somos escépticos y nos sentimos desengañados. Pensamos que los demás querrán algo de nosotros y sentimos miedo por no tener mucho que dar. Cuando nuestra llama es débil, no tenemos defensas para repeler la enfermedad, la duda, la preocupación, el autodesprecio, las adicciones o las críticas. Cuando nuestra llama es insignificante, buscamos a otros para que alimenten nuestro fuego porque no hemos sabido avivarlo. Un fuego débil está necesitado y cae presa de las conversaciones negativas que impregnan nuestra mente.

Lo importante es saber que el tamaño y la salud de nuestra llama también afecta a quienes nos rodean. Una llama pequeña hace que los demás se preocupen, del mismo modo que nos sentiríamos impulsados a alimentar un fuego que está a punto de extinguirse. Una llama interna que chisporrotea reclama atención y que busquemos formas de reforzarla y revitalizarla. ¿Podemos dejar un fuego débil sin atender durante mucho tiempo? ¿Podemos descuidarlo durante más de unos pocos minutos? No, si queremos que siga ardiendo. Una llamita siempre chisporrotea y corre el peligro de apagarse, mientras que una llama sana es alta y quema con fuerza, con suficiente energía como para mantenerse encendida en un vendaval.

Nuestra llama es nuestra esencia. Cuando está bien alimentada, contiene todo el poder de un fuego rugiente. Pero la llama interior se ha de cuidar y proteger. Hemos de honrarla y cuidarla, alimentarla y nutrirla, si queremos que sea fuerte. Nuestra misión es proteger esta llama, conscientes de que es nuestra fuerza vital, nuestro espíritu y lo que mantiene nuestra divinidad.

Ahora permíteme que te diga algo que te hará reflexionar: nuestras decisiones dan forma a nuestra conducta y acciones. Cada elección o bien aporta leña al fuego, o bien le echa agua apagando su fuerza. Si queremos brillar al máximo, si queremos expresarnos con autenticidad, si queremos que el poder haga realidad nuestro propósito en el mundo, nuestro primer compromiso ha de ser conservar la salud de nuestro fuego interior, nuestra fuerza vital.

Ahora me gustaría que pienses que tu único trabajo en la vida es alimentar esa llama interior, mantenerla vital y rugiente. Imagina que no tienes ninguna otra cosa que hacer sino tomar decisiones a diario, semanalmente, mensualmente y anualmente, que sirvan para proteger esa llama. Imagina cómo cuidarías la fuerza de esa llama, consciente de que sólo ella puede darte todo el amor, dinero, salud, seguridad, plenitud y paz mental que deseas. Lo más probable es que la cuidaras muy bien y tomaras decisiones que aumentaran su fuerza y fomentaran la vida para mantener en forma tu fuerza vital.

Aquí tienes algunos ejemplos de decisiones que apagan tu luz, y algunos ejemplos de las que avivan y fortalecen tu llama.

Decisiones que apagan tu luz

- Estar con personas que te critican y que no pueden ver tu magnificencia.
- El «debería».
- El «tengo que».
- Supuestas obligaciones.
- Intentar ser agradable.
- Intentar conseguir la aprobación de los demás.
- Evitar la comunicación.
- Mentirte.
- Cotillear.
- Llegar tarde.
- No preocuparte por los sentimientos de los demás.
- Compararte con los demás.
- Juzgarte.
- Juzgar a los demás.
- No dedicar tiempo para disfrutar de lo que tienes.
- Buscar que sean los demás los que te aporten la felicidad.
- Vivir con miedo.
- Negarte el éxito.
- Pensar que los demás son mejores que tú.
- Derrochar tu poder.
- Desatender tus más profundos anhelos.
- Derrochar el dinero.
- Comer en exceso.
- Excederse en las cosas.

- Malgastar el tiempo.
- No aceptar los cumplidos.
- Intentar ser otra persona.
- No establecer unas barreras potentes.
- No tener suficiente tiempo para estar solo.
- Negar el amor de tu familia.
- Negar tu propio reconocimiento.
- Agotarte.
- Desoír tu voz interior.

Decisiones que harán rugir tu fuego

- Sentir empatía hacia los demás.
- Dedicarte un tiempo a ti mismo.
- Pasar tiempo con las personas que amas.
- Reconocer que has hecho algo bien.
- Descansar.
- Divertirte.
- Jugar.
- Hacer ejercicio.
- Comer bien.
- Gastar el dinero con sabiduría.
- Planificar el futuro.
- Estar con personas que te inspiran.
- Dedicar tiempo a cultivarte.
- Hacer lo que mejor vaya para tus intereses y los de tu comunidad.
- Apreciarte.
- Ser sincero contigo mismo y con los demás.
- Cumplir tu palabra.
- No retrasarte en el pago de tus facturas.
- Ser compasivo.
- Tener una relación estrecha con las personas que amas.
- Hacer el amor.

- Hacer obras de caridad.
- Decir a los demás cuánto te importan.
- Hacer lo que te gusta.
- Perseguir tus sueños.
- Tomar decisiones que guarden relación con tu meta.
- Bailar.
- Perdonar.
- Responsabilizarte.
- Buscar lo bueno.
- Buscar lo correcto.
- Hacer bien tu trabajo.
- Estar con tus hijos.
- Cuidar de tu pareja.
- Escuchar a los demás desde el corazón.
- Recibir el amor de los demás.
- Enaltecer a quienes te rodean.
- Permitir que los demás te ayuden.
- Crear un sistema de apoyo que tenga fuerza.
- Decir tu verdad.
- Decir no.

ALIMENTA TU LLAMA

¿Qué fuerza tiene tu fuego interior? ¿Es fuerte, vital, enérgico? ¿Podrías prender el cielo? ¿Enciende a quienes te rodean? ¿Sienten las personas tu presencia, tu llama, cuando entras en algún lugar, o, por el contrario, tienes que esforzarte cada día intentando tener éxito, conseguir mayor reconocimiento? ¿Intentas manipular el mundo para que arda tu fuego, o te deleitas en la calidez de tu fuego interior?

Éste es el tipo de preguntas que has de plantearte antes de seguir adelante. Es el momento de la verdad. Permítete contemplar sin prisas tu vida y pregúntate: «¿Soy quien quiero ser? ¿Me siento fuerte? ¿Son mis decisiones las de una persona cuya llama interior es sana y potente, o son las de una persona cuyo fuego se está apagando?»

Todos necesitamos la llama de nuestro fuego y el de otras personas. Hemos de saber que todos los fuegos están bien cuidados y vigilados. Nadie gana si una de nuestras llamas interiores no está atendida, o, lo que es peor, si se apaga.

2

Desconectar el piloto automático

A fin de alimentar nuestra llama interior, hemos de despertar y tomar nuestras decisiones conscientemente. Una decisión consciente refleja nuestros compromisos más elevados y está en la misma línea que nuestra visión de la vida. Cuando elegimos conscientemente, estamos considerando el efecto que nuestras acciones tendrán en nuestras vidas. Nos tomamos un tiempo para reflexionar sobre adónde nos conducirán esas decisiones y el impacto que tendrán en nuestro futuro.

Cada vez que somos inconscientes y nos olvidamos de nuestros más profundos deseos, caemos en un trance automático, en cualquier programación o patrones existentes de nuestro pasado. Este trance es como moverse con piloto automático, no requiere esfuerzo, ni pensar. Es el trance de la negación. Este trance susurra en nuestros oídos: «No importa. Sólo una vez más. Empezaré mañana. De todos modos, tampoco lo quiero. Está bien, nadie lo sabrá». La voz que nos habla en este trance nos anima a seguir la vía fácil. «¡Sin problemas!», nos grita mientras nos desviamos de la ruta hacia nuestros sueños y regresamos al camino circular de nuestro pasado. El trance de la negación nos conduce de un momento al siguiente, de un día a otro, de un año a otro mientras nuestros sueños y nuestras vidas se convierten en excusas repetitivas que no nos llevan a ninguna parte.

Cuando actuamos de forma automática, no conseguimos ver las consecuencias de nuestra conducta. Andamos a ciegas por la vida, sin considerar nunca una visión a largo plazo. No examinamos nuestros motivos, ni intentamos comprender lo que está dirigiendo nuestras elecciones. Nuestras acciones son reacciones, nuestras decisiones se basan en cómo nos sentimos en ese momento, sin tener en cuenta las consecuencias que tendrán en el futuro.

En todo momento nos guía uno de estos dos mapas: un mapa de la visión, que es un plan deliberado para nuestro futuro, o un mapa por defecto, que está formado por nuestro pasado. Las decisiones que tomamos con ese mapa por defecto —las repetitivas, automáticas, programadas— no nutren nuestra llama, no nos acercan a nuestros sueños. Aunque puedan parecernos correctas, sólo es así porque nos son familiares. Voy a poner un ejemplo.

Jody, una pediatra con mucho éxito en su carrera, tiene la meta de tomarse una semana de vacaciones cada trimestre, hasta tener un total de cuatro semanas al año. Su ayudante programa estas semanas con mucho tiempo de antelación en su agenda. Sin embargo, siempre que a Jodie se le acumulan los pacientes, en lugar de mirar su mapa de la visión para ver qué dirección tomar, su respuesta automática, procedente de su mapa por defecto, es la de cancelar sus planes y dedicarse a los que la necesitan. Muchas veces ha incumplido su compromiso de tener tiempo libre para su familia y para divertirse y ha actuado de manera inconsciente, lo cual no le ha servido más que para lamentarse después. Antes de que Jody pudiera captar lo que es la libertad de hacer algo diferente, primero tuvo que darse cuenta de las respuestas automáticas que guiaban sus acciones. Su mapa por defecto la conducía a decir sí a las peticiones de los pacientes. Jody se dio cuenta de que cuando tenía el piloto automático puesto, no tenía elección en esa área de su vida. Esto le permitió tomar una nueva decisión consciente que estuviera en línea con sus metas y objetivos.

Cuando tomamos decisiones inconscientes, podemos estar seguros de que no permanecemos presentes en el aquí y el ahora.

Cuando somos inconscientes, corremos el riesgo de ser presa de nuestros impulsos más bajos. Sin saberlo, conducimos nuestra vida hacia el mapa por defecto, que se ha creado con nuestro pasado, y en cuestión de segundos descubrimos que vamos en la dirección contraria de adonde queríamos ir. Nos hemos dormido al volante, porque hemos dejado que nuestro pasado y nuestros temores dicten y limiten nuestro futuro.

Esto me lo ilustró claramente un hombre mayor al que conocí hace muchos años. Hablamos de la vida, del ser humano, de las pruebas y de las tribulaciones de la evolución de la conciencia. Casi al final de nuestro encuentro, se me acercó y me dijo: «La mayoría somos robots, que aceptamos órdenes y respondemos al magma colectivo de nuestras emociones y traumas no procesados». Llevamos puesto el piloto automático: recreamos el pasado, somos esclavos de nuestras adicciones y de nuestras necesidades insatisfechas: «Quiero helado», «Ese cuadro quedaría muy bien en mi dormitorio», «Mañana empezaré a hacer ejercicio», «La próxima vez hablaré con más seguridad».

Si haces una lista de las decisiones que tomaste en el pasado en un área de tu vida en la que no has conseguido los resultados deseados, sin duda descubrirás que te has dormido al volante. Sin darte cuenta has apretado el botón que pone: «PILOTO AUTOMÁTICO, NO SE NECESITA PRESTAR ATENCIÓN». De algún modo has olvidado que tu futuro viene determinado por las decisiones que tomas hoy. En lugar de detenerte y dirigirte hacia tu mapa de la visión para asegurarte de que las decisiones que estás tomando te llevarán adonde quieres ir, simplemente haces lo que parece más fácil en ese momento.

UTILIZAR LAS PREGUNTAS CORRECTAS

Si haces las preguntas correctas *antes* de tomar una decisión, pasarás de los ciclos automáticos y repetitivos hacia los pasos deliberados y enfocados que te conducirán al futuro que deseas. Las preguntas correctas penetran en tu sistema de negación y te despiertan. Están diseñadas para que las lleves contigo y las utilices como una herramienta cotidiana que te permita actuar en lugar de reaccionar. Aquí tienes un ejemplo:

El otro día me prometí ir a clase de karate, pero cuando llegó el momento no tenía ganas. Lo que realmente me apetecía era hacer la siesta. Mi respuesta automática fue romper con mi compromiso y utilizar una de las cien excusas que tengo por las que no podía ir: «Tengo muchas cosas que hacer». «Estoy demasiado cansada.» «No tengo tiempo.» «Me falta energía.» Pero ese día en particular me detuve un momento, cerré los ojos y me planteé algunas de las preguntas correctas:

- ¿Ir a clase de karate me dará fuerza o me la quitará?
- ¿Ir a clase me acercará al futuro que deseo o me mantendrá atada al pasado?

En un momento tuve claro que, dado mi compromiso de querer llegar a los cincuenta años siendo cinturón negro —me quedan tres años—, la única acción que podía tomar era ponerme el kimono e ir a clase. Al ser consciente, pude tomar una decisión que me dio fuerza y que reafirmó mi vida.

La pregunta que debemos plantearnos es: «Si te quieres, si crees que te mereces tener lo que quieres, ¿por qué caray eliges una acción que te aleja de conseguir los resultados deseados?» La respuesta a esta pregunta es simple. Si dices la verdad, probablemente descubrirás que no tienes opción en esta área. Consciente o inconscientemente has estado actuando con el piloto automático, siguiendo tu mapa por defecto. Cuando actúas de forma inconsciente, sin darte cuenta caes en el trance de la negación. Sacrificas los sueños de tu alma a cambio de la comodidad o de la gratificación instantánea, impotente para evitar una acción repetitiva con consecuencias indeseadas. En algunos casos, sin darte cuenta, también puedes precipitarte en la dirección contraria, cometiendo un autosabotaje.

Tanto si lo sabes como si no, siempre puedes decidir entre tomar decisiones conscientes o inconscientes. Cada día puedes elegir entre mirar a lo lejos y dejar tu destino en manos del viento, o dirigir tu vida con energía en la dirección de tus sueños. Las preguntas correctas te despiertan. No es un ensayo general, es tu vida. O bien la aprovechas y le sacas el máximo partido haciendo realidad tus deseos, o te irás a la tumba lamentando no haber tomado según qué decisiones. Las preguntas correctas te darán la oportunidad de liberarte del piloto automático y ser un navegador consciente de tu propia realidad. Te harán estar presente en la verdad y afianzarte en la realidad, para que puedas ver si tus acciones van en la misma dirección que tus metas. Te recordarán que cada vez que decides algo, esa decisión te acercará o te alejará de donde quieres ir.

CREA TU FUTURO

¿Partirías para realizar un viaje por carretera que durara veinte años sin saber adónde quieres ir? ¿Cómo te sentirías si cada día te sentaras en tu coche y condujeras por la primera carretera que te pareciera bien en aquel momento? ¿Crees que eso te inspiraría? ¿Es «destino desconocido» un itinerario que te haría saltar de la cama cada mañana para convertirse en la mayor expresión de ti mismo? Si es así, no sigas leyendo.

Sin embargo, si piensas que te sentirías abrumado por la ansiedad, frustrado o aburrido al cabo de unos pocos días, meses o años de vagar sin rumbo por el mundo, dejando tu futuro a la suerte, entonces te invito a que te detengas ahora mismo y crees tu mapa de carreteras que te conducirá al destino de tus sueños.

Tener una visión, objetivos y metas nos ayuda a conocer qué decisiones hemos de tomar. Nuestros deseos más profundos emergen de nuestras almas y nos inspiran para evolucionar hacia lo que se supone que hemos de ser. Nuestras metas nos guían hacía las rutas que hemos de tomar. Sin embargo, si no tenemos claro nuestro destino, se nos puede engañar con facilidad. Cuanto más tiempo vagamos sin propósito ni dirección, más perdidos estamos y menos claras son nuestras ideas.

Si estás planificando un viaje por carretera por el país, ¿te marcharías sin un mapa, o lo mirarías una vez y luego te olvidarías de él? Si ésa es tu estrategia, puede que nunca llegues a tu destino. Pero si te has propuesto en serio llegar a tu destino en el menor tiempo posible, has de estudiar el mapa con detenimiento, planificar la ruta cada día. Y si tomas un desvío incorrecto, no te detendrás y te pasarás cinco años mortificándote. Te pararás a un lado, mirarás el mapa y volverás al camino correcto.

Lo más importante que puedes hacer todos los días es consultar tu mapa de la visión. El mapa es tu visión de la vida. Te muestra adónde vas. Sin la visión es fácil dejarse llevar por el fulgor del momento y por los antojos de tu conducta habitual. Aunque empieces tu viaje proponiéndote pequeñas metas en diferentes áreas de tu vida, al menos sabrás en qué dirección ir. A fin de tener un punto de referencia, un verdadero norte para poder navegar y decidir qué pasos dar para que tus deseos se acerquen a la realidad has de revisar tus metas, visiones y sueños.

Tu visión actúa como punto de referencia. Por consiguiente es esencial dedicar cada día un momento a centrarnos en nuestra visión y ser más conscientes de nuestras metas. Este proceso es muy sencillo. Cuando te levantes por la mañana, antes de empezar el día:

- Dedica unos momentos al silencio y a la meditación, y permítete tener todo lo que deseas.
- Recuérdate que no es peligroso satisfacer los deseos de tu corazón.

- Recuerda adónde quieres ir, por qué quieres llegar allí y qué es lo que te estará esperando cuando llegues. Imagínate cómo te sentirás, qué aspecto tendrás y de qué modo te inspirarán los demás cuando se haya cumplido tu visión.
- Piensa en todas las oportunidades que tendrás durante el día para tomar decisiones que apoyen tus metas y sueños.

Esta práctica diaria te inspirará a tomar las mejores decisiones durante el día. Tu visión estará renovada y tendrás claro lo que quieres. Entonces lo único que deberás hacer es plantearte las preguntas correctas, y sabrás sin esfuerzo alguno qué decisiones tomar.

Cuando tengas delante tu mapa de la visión, los deseos pasajeros se desvanecerán ante los compromisos a largo plazo. Si estás centrado única e intencionadamente en lo que quieres, serás capaz de mantenerte seguro y tomar decisiones que afirmen la vida cuando te encuentres en alguna encrucijada. Tanto si estás concentrado en tu carrera, salud, relaciones, en dejar de beber, como en ser un buen padre o madre, has de tener presente tu visión. Si en tu mente tienes una imagen exacta de lo que quieres, puedes determinar si la acción que vas a emprender favorece tu meta. Si no eres consciente de tu visión, será imposible que tomes decisiones que guarden coherencia con la misma. Dedicar unos momentos a recordar y a ser consciente de tus metas te garantiza que no irás adonde el viento te lleve.

A nadie se nos concede una visión de nuestra vida que no podamos realizar, tanto si se trata de tener un cuerpo más sano, una buena relación, un trabajo más gratificante como si se trata de cambiar algo en el mundo. Si no tuviéramos la capacidad para satisfacer un deseo auténtico, no tendríamos ese deseo. Nuestras almas no anhelarían la experiencia, ni continuaríamos deseándola año tras año.

PLANTEAR LAS PREGUNTAS CORRECTAS PARA OBTENER LAS RESPUESTAS CORRECTAS

No hace mucho utilicé las preguntas correctas con mi hijo de ocho años. Beau no tenía ganas de hacer sus deberes. Estaba jugando con sus videojuegos, y se divertía tanto que no le apetecía parar. Sabía que podía obligarle a hacer los deberes, pero no quería fomentarle su creencia de que los deberes son una lata. Lo que en realidad quería era inspirarle a verlos como algo que le apeteciera hacer. Así que le dije como quien no quiere la cosa: «¿Quieres ir a la universidad?» Rápidamente respondió que sí. Entonces le pregunté: «¿Quieres ser tan inteligente como mamá y papá cuando seas mayor?» De nuevo respondió afirmativamente. Ahora ya tenía una visión de futuro en su mente. Cuando le pregunté: «¿Hacer los deberes te acercará a tu meta de ir a la universidad y de ser tan inteligente como mamá y papá o te alejará de ella?» Sus ojos se abrieron como platos y su rostro dibujó una expresión de ánimo.

Luego le dije que se imaginara yendo a la escuela al día siguiente sin haber hecho los deberes. «¿Esta decisión hará que te sientas bien contigo mismo o te hará sentirte diferente, avergonzado y en una situación embarazosa?» Al momento apagó su Nintendo y se dirigió hacia la sala de estar, donde le esperaban sus deberes. Beau eligió hacer sus deberes, no porque yo le hubiera forzado, sino porque vio claramente por sí mismo que era por su propio bien.

Para estar despiertos y ser capaces de crear un futuro que refleje nuestras metas, hemos de cuestionarnos el presente. Hemos de cuestionarnos todas las decisiones que tomamos y valorar las consecuencias negativas o positivas de nuestras acciones si queremos ser coherentes con nuestros más profundos deseos. En otras palabras, cuando has creado una visión para tu deseado futuro:

- Sé consciente de tu visión.
- Considera tus decisiones con cuidado antes de actuar.
- Examina tus decisiones pasadas para ver si éstas te han mantenido en la vía o si te han sacado de ella.
- Hazte las preguntas correctas para determinar la vía más directa que puedes tomar para conseguir el futuro que deseas.

La mayoría nos pasamos el tiempo esperando a que llegue el día en que lo hagamos mejor, en que tendremos todo lo que deseamos y en que seremos esa persona que queremos ser. Pero, como todos sabemos, eso no llega por arte de magia. Ese día supone una decisión.

Las preguntas correctas te recordarán la vida que anhelas y te inspirarán para conseguirla. Recuerda que tomar decisiones nuevas puede resultar incómodo. Dar la vuelta y dirigirse hacia el oeste cuando durante seis años has estado yendo hacia el este, probablemente no resulte muy agradable. Pero después de haber hecho unos cuantos giros correctos, te encontrarás de nuevo en el camino. Entonces te podrás relajar y disfrutar del viaje hacia el destino de tus sueños.

DEJAR EL INTELECTO A UN LADO

Con frecuencia no podemos ver lo que es mejor para nosotros debido a que nuestro proceso de pensamiento nubla nuestra claridad. Pasamos la mayor parte de nuestro tiempo y energía negociando, racionalizando y justificando nuestras acciones y decisiones: «¿He de hacer esto?», «¿No he de hacer esto?» Plantear las preguntas correctas supone erradicar toda esa negociación y justificación del proceso. Las preguntas correctas nos afianzan en la verdad y en la presencia de nuestras metas y deseos. Sobrepasan nuestro intelecto. Personalmente, me encantan estas preguntas porque soy increíble racionalizando y una gran maestra de las excusas. Puedo razonar cualquier cosa. Pero ahora intento no pensar. Me limito a contemplar los resultados que deseo y me hago las preguntas correctas. Cuando te preguntas: «¿Esta decisión me fortalece?», la respuesta aparece enseguida. No puedes discutir con ella. Tu mente puede decir: «Estoy demasiado ocupada; empezaré mañana». Pero lo único que has de hacer es volverte a preguntar: «¿Me fortalecerá esta decisión? ¿Hará esta acción que mi llama sea más fuerte?» Si la respuesta es afirmativa, entonces haz la acción correcta. No pienses en ello, no lo analices, no lo justifiques. Todos hemos llegado a dominar el arte de pensar para no ir a ninguna parte. Podemos pensar, reflexionar y racionalizar todo lo que queramos. Pero si terminamos realizando una acción que nos debilita y nos resta fuerza, habremos sofocado nuestra llama, reducido nuestra fuerza vital y nos habremos alejado algunos pasos de nuestras metas.

Lo cierto es que la mayoría de las personas pensamos demasiado. Las respuestas que obtenemos de las preguntas correctas nos inspirarán a dejar a un lado a nuestro intelecto y a actuar de acuerdo con nuestra visión más elevada. Cuando realizamos acciones que alimentan nuestra llama interior, descubrimos que en realidad hay muy poco en qué pensar. Cuando hemos tomado la decisión correcta, gozaremos de la exquisita experiencia de estar a gusto en nuestra piel y en paz con nuestra alma.

DEJAR A UN LADO LAS EMOCIONES

Muchas de nuestras elecciones y decisiones también están influidas por nuestras emociones. El niño de tres, seis o doce años que llevamos dentro quiere ser quien elige y dirige el espectáculo. Plantearnos las preguntas correctas nos concede la habilidad para dejar a un lado nuestros estados emocionales y tomar las decisiones que apoyen nuestras metas, independientemente de cómo nos sintamos en ese momento. Entonces llega la hora en que todos necesitamos dejar a un lado nuestras reacciones emocionales automáticas y, en lugar de preguntarnos: «¿Cómo me siento respecto a esto?», preguntarnos: «¿Esta elección me acercará a mi visión más elevada?» En otras palabras, es nuestro mapa de la visión, no nuestro estado de ánimo el que ha de guiarnos. Veamos un ejemplo.

Cuando sales de casa para ir a la tienda, no te paras en cada esquina y te preguntas si tienes ganas de ir a comprar. Sabes adónde vas y sigues las instrucciones. Quizás hasta tomes el camino más corto. Entonces, deberías averiguar por qué cuando se trata de tu seguridad económica te paras en todas las cafeterías o tiendas de ropa a preguntarte: «¿Debo entrar?» o «¿He de comprarme esto hoy?» ¿Por qué permites que sean tus emociones las que determinen si vas a satisfacer tu visión? ¿Por qué no sigues las instrucciones de tu mapa de ruta? Si éste dice: «Libertad económica: no ir de compras en seis meses», ¿por qué no sigues la ruta? Si te dirigías a la tienda de comestibles, tomarías el mejor camino para llegar hasta ella, aunque no te sintieras bien en ese momento y lo seguirías sin consultar a tus sentimientos.

Quizás hayas observado que tus emociones fluctúan constantemente. Por lo tanto, dejarse llevar por ellas no es lo más acertado. Si quieres llegar a tu destino, te sugiero que te olvides de tus emociones durante un tiempo. Guárdatelas para amar a tus hijos, cuidar ancianos, cambiar el mundo o amarte a ti mismo. No las uses como brújula para guiar tu futuro, no fueron diseñadas para eso. Mientras sigas considerando a tus emociones como tus guías, estarás saboteando tu derecho a alcanzar tus metas.

Tomar la vía más elevada y las decisiones correctas no siempre resulta cómodo. De hecho, puede ser muy desagradable tomar una decisión fuera de lo predecible y de lo que nos es familiar. Puede resultar doloroso no ir de compras o seguir nuestro programa de ejercicio físico. Si haces algo diferente de lo que has estado haciendo durante los últimos diez o veinte años, es muy probable que tengas miedo. Pero una vez que puedas ver que emprender esa acción te dará fuerza y poder, podrás decidir conscientemente qué camino seguir.

Para tomar decisiones conscientes hemos de estar dispuestos a abandonar la actitud de salir del paso, los momentos de sentirnos bien y entregar nuestro apego a hacer las cosas a nuestra manera. Hemos de tener presentes nuestros sueños y deseos y ser conscientes de nuestras elecciones. Las preguntas correctas están pensadas para hacer que nos detengamos y que pensemos las cosas dos veces cuando estamos a punto de actuar de un modo que guarda más relación con nuestro pasado que con nuestro futuro.

La gran noticia respecto a usar estas preguntas para alcanzar los resultados deseados es que no hemos de sentirnos lo bastante buenos, inteligentes o merecedores a fin de conseguir los frutos. A las preguntas correctas no les importa si somos lo bastante buenos, inteligentes o merecedores. No les importan nuestros sentimientos.

Las preguntas correctas nos permiten contemplar los hechos. ¿Esta elección me aportará fuerza vital? ¿Me acercará esto al futuro que espero? ¿Es un acto de autoestima? Cuando nos hacemos estas preguntas antes de tomar una decisión y la respuesta es «No, no, no, no», pero optamos por hacerlo de todos modos, al menos tendremos claro que somos nosotros los que estamos saboteando nuestro futuro. Luego, en lugar de ser víctimas de nuestras circunstancias, podemos responsabilizarnos de ellas.

El momento de perfección llega cuando nos concedemos el don de tomar una decisión que nos fortalece, una elección consciente, que respeta nuestros más profundos deseos. Todos tenemos la habilidad de crearnos una vida de momentos perfectos simplemente planteándonos una o más de estas preguntas. Entonces podemos esperar con todo derecho llegar al destino que nos marcan nuestros sueños.

3

Exponer nuestros compromisos internos

El mundo exterior es un reflejo de nuestros compromisos internos. Si queremos saber con qué estamos realmente comprometidos, basta con observar nuestra vida. Siempre estamos creando exactamente aquello con lo que estamos más comprometidos, tanto si somos conscientes como si no. Es esencial que entendamos que siempre elegimos lo que concuerda con nuestros más arraigados compromisos. Al examinar lo que tenemos y lo que no tenemos, podremos descubrir con qué estamos realmente comprometidos. Cuando nuestras vidas no son como queremos que sean, podemos estar seguros de que tenemos un compromiso que entra en conflicto oculto con alguna otra cosa que no es con lo que decimos estarlo.

Por ejemplo, puedes decir que estás comprometido con tu seguridad económica, pero si examinas detenidamente tus elecciones, puede que te des cuenta de que gastas más de lo que ganas cada mes. Si miras más a fondo para ver por qué no estás ahorrando para el futuro o pagando tus deudas, sin duda descubrirás otro compromiso, otro más profundo, que puede que sea gastar dinero donde y cuando quieras. Cuando ves algo que te gusta, tu respuesta natural y tu primer compromiso es el que gana. Sin tan siquiera pensar, te desvías del rumbo y obedeces a tu primer compromiso de gastarte el dinero, en lugar de ahorrarlo.

Quizá hayas tomado muchas veces la resolución de estar en mejor forma física, pero cuando llega el momento de trabajártelo, siempre encuentras una excusa y terminas estando demasiado ocupado o cansado para ser fiel a tu promesa. Puede que cuando lo examines con mayor detenimiento descubras que bajo este deseo hay un compromiso más fuerte de sentirte mal. Aunque te despiertes cada día con las mejores intenciones, cuando se trata de tomar decisiones sabias respecto a tu salud, tu primer compromiso gana la partida e impide que emprendas una acción que podría conducirte a conseguir tu meta.

Podría ser que lo que desearas fuera tener una relación sexual satisfactoria con tu pareja, pero cada vez que surge la oportunidad encuentras una razón para evitar la relación. Si observas más detenidamente puede que descubras que aunque tienes un deseo genuino de sexo apasionado con tu pareja, hay otro compromiso más profundo que es castigarla por no proporcionarte lo que deseas. ¿Qué mejor forma que alejarte cuando ella tiene ganas de estar contigo? Una vez más, gana tu compromiso subyacente.

La mayoría ni siquiera sabemos que tenemos otros compromisos que los que estamos intentando manifestar. Ésta es la razón por la que los llamo compromisos *subyacentes*: existen en un plano inconsciente. Son nuestros primeros compromisos, y si no somos conscientes de ellos pasarán por delante de cualquier otro deseo. Nuestros compromisos subyacentes dirigen nuestros pensamientos, creencias y, lo más importante, nuestras elecciones; son fuerzas invisibles que dan forma a nuestra realidad. *Nuestros compromisos subyacentes son responsables de la discrepancia entre lo que decimos, lo que queremos y lo que experimentamos realmente.*

Estos compromisos subyacentes están formados por decisiones inconscientes que hemos tomado en el pasado. Si has sido educado por padres controladores, aunque pienses que lo que quieres es disciplina y estructuración, tu vida puede estar siempre en un estado de caos debido a que tu primer compromiso es ser un espíritu libre. Puede que tu primer compromiso sea la seguridad, entonces tus decisiones serán acordes con este compromiso. Aunque estés deseando pedir una promoción o tener un cargo de mando, no podrás manifestar tu deseo porque tu primer compromiso es permanecer dentro de los confines de tu realidad actual. Quizás en los oscuros rincones de tu subconsciente hayas decidido que no puedes confiar en nadie y que es más fácil estar solo. Entonces, aunque quieras amor y relaciones íntimas en tu vida, siempre elegirás a la pareja equivocada, porque tu primer compromiso es estar solo.

Cuando siempre tomas decisiones que están en conflicto directo con lo que dices que quieres, es imprescindible que descubras su origen. Cuando estás desconcertado por las decisiones que has tomado ante las intenciones que has declarado, revisa tus compromisos subyacentes. Te aseguro que están presentes.

Estos compromisos subyacentes nos tienen atrapados en el mismo lugar año tras año. La mayoría pensamos que nuestras decisiones inconscientes son actos de debilidad o de mala suerte, como errores familiares, conocidos o equivocaciones. Nos compramos un bolso nuevo cuando hemos dicho que lo que queremos es ponernos al día de los pagos de nuestra tarjeta de crédito. Nos comemos una magdalena cuando hemos dicho que queremos perder peso. Engañamos a un ser querido cuando hemos dicho que nos hemos comprometido a tener una relación sincera.

Cada vez que nos planteamos una nueva visión, es probable que nos enfrentemos cara a cara con el compromiso subyacente que ha controlado esta área de nuestra vida y que ha impedido que consiguiéramos nuestra meta. Te pondré un ejemplo: mi deseo más profundo en este momento es estar en la mejor forma física posible. Esto significa que mi próximo cumpleaños tendré más masa muscular, menos colesterol y más oxígeno en la sangre, lo que me permitirá aguantar cuarenta minutos de ejercicio aeróbico intenso sin jadear como un perro cansado. Para conseguir esta meta tengo que tomar decisiones saludables respecto a todo lo que meto en mi cuerpo.

Quiero dejar claro que ya comía bien. Cualquier persona que hubiera revisado mi dieta, podría decir que no lo hacía nada mal. Pero hace poco, cuando otro médico me dijo que tenía que vigilar la cantidad de dulce que comía y que tenía que bajar mi colesterol, ¿qué crees que fue lo primero que me apeteció consumir? Una de mis especialidades es una fantástica bebida de café. Pongo una parte del batido de proteínas de chocolate de mi hijo y lo mezclo con el café y ¡voilà!, ya tengo mi dosis de la mañana. Resulta que esta deliciosa bebida contiene todo lo que se supone que no he de tomar.

Pero esa mañana en concreto, mientras realizaba este ritual automático en estado de trance, de pronto oí a mi voz interior que me decía: «Esta bebida está llena de cafeína y azúcar. No es la elección más inteligente para esta mañana dada tu meta respecto a la salud. ¿Qué otra cosa podrías tomar?» Intenté no escuchar esa voz e incluso discutir con ella: «Por el amor de Dios, no es más que una taza de café» (mi intelecto); «¡Oh, pero hace que me sienta muy asustada!» (mis emociones). Cuando me planteé la pregunta correcta —si tomarme esa bebida de café era un acto de autoestima o de sabotaje—, por más que lo intenté, no pude ocultar el hecho de que estaba a punto de tomar una decisión poco acertada.

Era evidente que iba a comenzar el día con una elección que me restaría fuerza en lugar de dármela. Era muy consciente de que esta elección me dejaría anclada en un patrón de mi pasado en lugar de acercarme a mi sueño. Al darme cuenta de esto, tuve que preguntarme por qué me tentaba esa elección. Sabía que debía tener un primer compromiso inconsciente con alguna otra cosa que no fuera mi meta de conseguir una salud óptima. Cerré los ojos, hice una respiración profunda y me pregunté: «¿Con qué estoy realmente comprometida en este momento?» La respuesta fue que estaba más comprometida con recibir el alivio que me proporciona esa bebida. Mientras inspiraba y escuchaba a mi sabiduría interior, pude ver una imagen de una parte de mí que anhelaba algo de atención, consuelo y amor.

Al haber sido consciente de mi compromiso subyacente, ahora tenía dos opciones. Podía preguntarme cómo iba a satisfacer las necesidades de esa parte mía que me estaba reclamando y cómo iba a prestarle algo de atención. Se me ocurrieron varias cosas: dar un largo paseo por la playa, jugar con mi hijo, darme un baño con agua bien caliente. También podía seguir las órdenes de mi primer compromiso y buscar la solución rápida. Una elección me conduciría en la dirección de mi más profundo deseo, la otra me alejaría del mismo.

Ésta es la guerra, la lucha interior que no cesa entre nuestros compromisos inconscientes y los deseos de nuestra alma. Nuestra alma anhela todas aquellas cosas que nos aportarán dicha y plenitud, mientras que nuestros compromisos inconscientes y subyacentes se esfuerzan por manifestarse y validarse. Los compromisos subyacentes son tan potentes porque son nuestros primeros compromisos. Si no les hacemos caso, nos atarán al pasado y nos robarán el futuro que nos merecemos. Los compromisos subyacentes nos llevan a repetir las mismas conductas de sabotaje una y otra vez, a la vez que fomentan nuestra resignación. Puesto que a la mayoría nunca nos han hablado de estos compromisos subyacentes, ni siquiera somos conscientes de su existencia. No obstante, hemos de descubrirlos, puesto que, mientras permanezcan ocultos, seguirán dictando nuestras elecciones. Tendremos que soportar el estrés y la lucha que conlleva decir que queremos una cosa y hacer otra. Continuaremos sintiendo la impotencia de no ser capaces de conseguir el futuro que deseamos.

UN DÍA EN LA VIDA DE UN COMPROMISO SUBYACENTE

Así es cómo funciona: durante los últimos cuatro años has estado diciendo que querías perder diez kilos, pero aquí estás hoy sin haber cumplido tu objetivo. Te levantas y decides que hoy es el gran día. Te dirás: «Puedo hacerlo, puedo tomar mis propias decisiones». Empiezas la mañana tomando un bol con avena y una rebanada de pan integral, te marchas a trabajar sintiéndote con pleno control. Luego, tras comer una deliciosa ensalada verde al mediodía, sientes la tremenda necesidad de tomar algo dulce y te mueres por darle un par de bocados al pastel de queso de tu mejor amiga. Está tan bueno que no puedes parar, y como una buena amiga que eres la ayudas a terminárselo. Luego, después de un largo día de trabajo, te espera tu comida favorita —una hamburguesa con patatas fritas— para cenar. Razonas tu elección diciendo que sólo has tenido tiempo para pararte en un restaurante de comida rápida porque has trabajado hasta tarde y, ¡por Dios!, te mereces esa hamburguesa. De momento te sientes mejor. La culpa te elude y tu racionalización evita que mires a tu alrededor para ver si existe alguna causa más profunda para esta elección. Tu excusa para tu conducta incoherente impide que indagues cuál es el origen de tu sabotaje. Pero entonces, cuando te preparas para irte a la cama, te sientes mal por lo que has hecho. La hamburguesa y las patatas fritas ya no te hacen sentirte tan bien, y ese momento de dicha se transforma rápidamente en una fuente de vergüenza, que te aleja de tus metas y deseos y que fomenta tu resignación. Te vas a dormir jurándote que mañana será otro día. Te despiertas queriendo comer bien y ceñirte a tu dieta, pero alrededor de las cuatro de la tarde, después de un desayuno y una comida saludables, sucumbes de nuevo a esa necesidad imperiosa de tomar algo. Te vuelves a saltar las reglas y se repite el ciclo. Esto es un día en la vida de un compromiso subyacente.

Ahora bien, ¿es malo esto? Es malo sólo si te odias por haber comido mal ese día. Es una elección que te resta fuerza sólo si te castigas cuando al día siguiente te pesas y ves que la aguja no se ha movido en la dirección que esperabas. Comprometerse con un deseo exterior y luego tomar decisiones que te llevan en sentido contrario es tremendamente doloroso. Recuerda que este libro trata de ir hacia donde quieres ir. No es un libro sobre perder peso. Esto es sólo un ejemplo de una de nuestras luchas humanas más comunes. Es un claro ejemplo de decir que quieres una cosa y tener un primer compromiso que se opone al deseo de tu corazón. Cuando tomas decisiones que te alejan de tu meta en lugar de acercarte a ella, sabes que estás actuando basándote en un compromiso subyacente.

Si este ejemplo te resulta familiar, me gustaría pedirte que fueras consciente de qué compromiso está presente en ti cuando te comes el pastel de queso u otros alimentos que no te ayudan a conseguir tu meta. Puedes hacerlo cerrando los ojos y preguntándote: «¿Con qué estoy comprometida en este momento?» Puede que descubras que estás comprometida con utilizar la comida para sentirte mejor, o con demostrarte que eres demasiado débil y que no lo puedes hacer tu sola. Quizá te des cuenta de que estás comprometida con comer todo lo que te apetece siempre que te apetece. Esto es muy común: no te gusta que nadie te diga lo que tienes que hacer, ni siquiera una parte de ti. Entonces comienza la lucha interior. A una parte de ti le encantaría tener un cuerpo hermoso o sentirse más sana, y otra parte no puede soportar que le digan lo que ha de hacer. Estás en guerra, y la guerra es contigo misma.

La única forma de detener esta batalla interior es reconocer lo que está sucediendo. Has de dejar de ser una víctima y darte cuenta de que tienes compromisos que están en conflicto. Sólo cuando pongas al descubierto los compromisos subyacentes que están saboteando tus resultados, verdaderamente tendrás elección. Al plantearte las preguntas correctas y permitirte escuchar las respuestas, recobrarás automáticamente el poder sobre tu vida. Si puedes ver de forma consciente que las decisiones que estás tomando son una expresión de tu primer compromiso, te liberarás.

Al exponer tus compromisos subyacentes que son los que rigen tus opciones, podrás ver con claridad cómo sabotean tu éxito. Puedes estar seguro de que cuando empiezas con una serie de decisiones que te quitan fuerza y que te alejan de tu deseo exterior, hay un compromiso subyacente que dirige tu vida. Veamos la situación de Helen: su meta era pagar sus deudas y ahorrar suficiente dinero para dar una entrada para comprar una casa. Durante cinco años soñó que ese año sería el año en que por fin liquidaría sus cuentas con las tarjetas de crédito y que podría ahorrar dinero para su futuro. Pero año tras año se encontraba en la misma situación económica del año anterior. Siempre tenía una excusa para no pagar sus deudas: facturas de médicos inesperadas, una bicicleta nueva para su hija, un viaje para ir a ver a su familia. Siempre tenía una razón para justificar su situación monetaria. Cuando le pregunté por sus deudas, su respuesta fue vaga e imprecisa respecto a cuánto dinero debía y si tenía un plan realista para saldarlas. Helen había pensado en buscar ayuda profesional para crear un plan para sus finanzas. Pero al final siempre optaba por gastar su tiempo, dinero y energía en hacer alguna otra cosa (elección número uno).

Cuando observamos su caso más detenidamente, nos dimos cuenta de que cada vez que tenía dinero extra, ya fueran pagas extraordinarias o ingresos conseguidos por hacer algún otro trabajo, no mandaba el dinero directamente a las compañías de las tarjetas de crédito. Por el contrario, escogía recompensarse con algo especial para ella o para su casa (elección número dos). Luego revisamos sus gastos mensuales para ver si había alguna forma de reducirlos a fin de poder satisfacer su visión a largo plazo. Helen gastaba mucho dinero en su régimen de *fitness*. Además de la cuota mensual que pagaba al gimnasio, tenía las clases de yoga, las de Pilates y las de artes marciales. Aunque gastaba mucho más en su programa de *fitness* que la mayoría de las personas con su mismo nivel de ingresos, ella justificaba el gasto diciendo que con su trabajo a tiempo completo y sus responsabilidades en el hogar necesitaba cuidarse mucho (elección número tres).

Es fácil justificar su conducta diciendo que trabaja mucho y que se merece gastarse el dinero en lo que quiera. Pero nos queda el hecho de que está siempre agobiada porque gasta más de lo que gana. Ha tenido los mismos sueños y metas económicas durante más de cinco años, y apenas ha conseguido ningún progreso. Culpa a los demás de su situación económica, y utiliza su deuda y falta de ahorros para castigarse y probar que no tiene remedio.

Desatender nuestros compromisos internos pospone el dolor de tener que hacer frente a las decisiones que tomamos en el pasado, pero nos garantiza que continuaremos por el mismo camino, alejándonos de nuestras metas. Es absolutamente necesario que expongamos los compromisos que nos han conducido a la situación en la que nos encontramos. Helen está haciendo lo mismo que había hecho en el pasado. Está eligiendo gastar más dinero en lugar de ahorrar para el futuro. Su primer compromiso es tener lo que quiere cuando quiere, por lo tanto se gasta el dinero en cualquier cosa que le parezca importante en ese momento, sin pensar en las consecuencias a largo plazo de estas decisiones para una gratificación inmediata. Su pensamiento mágico hace que viva con la esperanza de que quizás alguien, como su esposo, vendrá y le dará la entrada para esa casa que tanto desea, o que le aparecerá un gran trabajo por arte de magia y que de pronto sabrá administrar su dinero mejor que lo hace ahora. Todo esto la encierra en círculos familiares de esperanza, deseos y fantasías sobre la llegada de un día milagroso en que aterrice en su destino sin haber cambiado su forma de tomar decisiones.

LA VERDAD TE LIBERA

Las preguntas correctas se basan en la sencilla idea de que la verdad te libera. La verdad nos libera del yugo de nuestro pasado. Cuando decimos la verdad, aunque no nos guste el hecho de que hemos estado comprometidos con otra cosa diferente de aquello por lo que hemos estado luchando, nos liberamos de nuestra pugna interior. Un precioso proverbio ruso dice así: «La verdad más amarga es mejor que la mentira más dulce». Nuestro dolor y sufrimiento proceden de la perpetuación de nuestra mentira al insistir: «¡Pero si me he comprometido en tener una relación íntima!» «¡Me he comprometido en estar en muy buena forma física!» «¡Me he comprometido en crear mi propia empresa y en tener una carrera próspera!», cuando en realidad estamos comprometidos con otra cosa. Decir que queremos cosas sin reconocer los compromisos que ya teníamos en esas áreas, nos hace sentirnos impotentes. Sin embargo, cuando decimos la verdad —que con lo que realmente estamos comprometidos es con otra cosa—, nuestro padecer se desvanece. El sufrimiento es el resultado del conflicto entre nuestros compromisos.

Hemos de sacar a la luz nuestros compromisos subyacentes antes de tener la fuerza para cambiarlos. Al exponer estos compromisos inconscientes, conseguimos la libertad de mantenernos en la verdad. Luego viene la fortaleza para ser sinceros y decir: «He querido tener éxito en mi carrera, pero ahora puedo ver que mi primer compromiso es que otra persona cuide de mí». Una vez que hemos reconocido la verdad, puede empezar el proceso de transformación. Reconocer que nuestro primer compromiso es que otra persona cuide de nosotros, nos permitirá comprender la razón por la que hemos estado tomando decisiones que han saboteado ese éxito. Luego veremos que las decisiones que hemos tomado son perfectamente coherentes con nuestro primer compromiso. En realidad, hemos estado creando exactamente aquello con lo que estábamos más comprometidos. Cuando sale la verdad, experimentamos un profundo cambio en nuestros sentimientos respecto a nosotros mismos.

IDENTIFICAR NUESTROS COMPROMISOS SUBYACENTES

Revelar nuestros compromisos subyacentes que evitan que alcancemos nuestras metas es el paso esencial que todos hemos de dar a fin de dar un giro a nuestras vidas. Todos hemos de tener el valor para reconocer las mentiras que nos estamos contando. Al hacer que esos compromisos pasen a un plano consciente, estamos adquiriendo la habilidad para sustituirlos por nuevos compromisos más poderosos. Nuestra intención al examinar nuestros primeros compromisos es hacer que salgan a la luz y aceptarlos. Al ser plenamente conscientes de los mismos y al alumbrar aquello que antes estaba en la oscuridad, podemos ir más allá de nuestros primeros compromisos y crear compromisos nuevos y conscientes que guarden relación con nuestra visión más elevada para el futuro.

Para descubrir esos compromisos subyacentes, escribe una meta o un deseo que no hayas podido conseguir todavía. Luego haz una lista de todas las acciones que has realizado o que no has hecho durante el pasado año que sean totalmente contrarias a esta meta. Ahora toma tu lista e imagina que las decisiones que te han alejado de tu meta, o que no te han acercado a la misma, son una expresión de un compromiso más profundo, tu primer compromiso. Luego cierra los ojos y pregúntate: «¿Con qué compromiso están directamente relacionadas estas decisiones?» Entonces descubrirás tu compromiso oculto.

Es importante que no te critiques por tener esos otros compromisos. Surgen de nuestra necesidad de compensar esas cosas que suponen una carga en nuestra vida, que nos superan o que nos restan energía. Adquirimos esos compromisos en un momento en que carecíamos de la libertad o de la fuerza para tomar nuestras propias decisiones externas. En cierta etapa de la vida, estos primeros compromisos nos han sido útiles. Ahora que ya somos adultos, podemos llevarlos a un plano consciente, reconocer su utilidad, adquirir nuevos compromisos y tomar decisiones que nos acerquen al futuro deseado.

Las preguntas correctas ponen la verdad al descubierto. Cuando nos las planteamos y las respondemos, revelan nuestros más profundos compromisos, los que han fomentado nuestras decisiones negativas. Hasta que no empezamos a plantearnos estas preguntas, esos compromisos ocultos seguirán causando estragos en nuestros sueños. Cuando éstos afloran, podemos examinarlos a la luz de nuestro estado de conciencia actual. Sólo entonces estamos presentes y sabemos que podemos elegir el rumbo de nuestra vida.

No podemos viajar al este y al oeste al mismo tiempo. O vamos en una dirección o vamos en otra. No nos puede bajar el colesterol si comemos pasteles de chocolate y pollo frito todos los días. No podemos crear un hogar si dilapidamos todo nuestro dinero. No podemos tener una relación íntima si engañamos a nuestra pareja. No es muy probable que tengamos la carrera de nuestros sueños si elegimos quedarnos en un trabajo que nos parece seguro y en el que nunca corremos ningún riesgo. No cumpliremos nuestros objetivos de estar en forma si optamos por sentarnos delante de la televisión en lugar de salir a pasear. Hemos de elegir nuestro camino.

Si realmente quieres cambiar tu vida has de tomar decisiones nuevas. Las preguntas correctas te despiertan y te dan el poder que necesitas para cambiar el rumbo de tu vida. Lo más importante es que te dan la inspiración para satisfacer tus más profundos deseos. Cada vez que tomas una decisión nueva y que te da fuerza, cada vez que eliges cambiar de rumbo y dirigirte en la dirección de tu visión, surgirá tu inspiración y tu llama arderá con fuerza. Cada vez que te detienes, que reduces la marcha y tomas una decisión que nutra tu alma, te estarás dando la confianza que necesitas para seguir adelante en tu viaje hacia el destino de tus sueños.

4

¿Me llevará esta decisión a un futuro más estimulante o me dejará anclado en el pasado?

Todas las decisiones que tomamos nos llevan en una de las dos direcciones. Nos dirigimos hacia un futuro inspirador o hacia un pasado que nos limita. Cuando avanzamos en la dirección de nuestros deseos más profundos, sentimos que nos respalda todo el universo y nuestra vida es una fuente de inspiración. Nuestro entusiasmo nos despierta cada mañana, nos motiva y nos da la energía que necesitamos para seguir adelante.

No importa cuál sea tu visión: ganar un millón de dólares, expandir el amor en tu vecindario, introducir una nueva ley o llegar a ser maestro de escuela. Cuando nuestras acciones surgen directamente de la visión que tenemos para nuestra vida, irradiamos dicha y nuestros días están llenos de pasión.

Tomar decisiones que apoyen nuestros sueños nos confiere una tremenda fuerza y autoestima. Cuando vemos que estamos realizando progresos hacia aquello que queremos en nuestra vida, nos sentimos poderosos, llenos de esperanza y con confianza en nosotros mismos. Tomar decisiones que nos llevan hacia adelante nos da el valor y la confianza para manifestar nuestras metas y deseos.

Por otra parte, las decisiones que tomamos por miedo nos ligan al pasado. Nuestra necesidad de seguridad y de buscar lo previsible evita que nos salgamos de la realidad conocida. Temerosos de lo que podamos encontrarnos fuera de la zona de confort de lo que nos resulta familiar, nos quedamos en el pasado, aunque no nos llene. Estamos convencidos de que aferrarnos a lo conocido nos mantendrá a salvo, tememos que dejar atrás nuestro pasado supone un riesgo. En otras palabras, malo conocido vale más que bueno por conocer.

Nuestro miedo a abrirnos y a correr riesgos hace que creamos que nuestros sueños no son realistas, o que están fuera de nuestro alcance. Nuestros temores nos afirman que hemos de ser felices con lo que tenemos. Sin embargo, cuando dejamos de creer en nosotros mismos, cuando abandonamos toda esperanza de tener lo que deseamos, una parte de nosotros empieza a morir. Al desposeernos de nuestro derecho a soñar, a recordar nuestro verdadero deseo, poco a poco vamos perdiendo nuestra conexión con nuestro yo superior. Con frecuencia sentimos que ya lo hemos intentado antes y que hemos fracasado, por lo tanto dudamos en volver a intentarlo. El miedo invade todo nuestro ser, nos paraliza, evita que avancemos.

Pero la verdad es que o avanzas o retrocedes. No hay término medio. Nunca estás estancado, aunque a veces te lo parezca. Cada decisión cuenta. Cada decisión, por insignificante que pueda parecer te conduce en una dirección. Incluso la decisión de no hacer nada tendrá un efecto en tu vida. Sigue siendo una decisión.

Es fácil ver cómo las grandes decisiones cambian nuestra vida y nuestro destino. Es fácil engañarnos y creer que las pequeñas decisiones no importan demasiado. Pero cien pequeñas decisiones en la dirección equivocada pueden pesar en una vida en la que nuestros sueños siempre están un paso por delante de nosotros. Si no podemos enfrentarnos a la consecuencia de no devolver una llamada telefónica o de pagar tarde nuestras facturas, basta con plantearnos la primera parte de esta pregunta correcta: «¿Esta decisión me conducirá a un futuro inspirador?» Si la respuesta es no, hemos de suponer que nuestra decisión nos lleva en la dirección opuesta.

Jim Rohn, autor de *Five Major Pieces to the Life Puzzle*, dice: «El fracaso no es un cataclismo aislado. No fracasamos de la noche a la mañana. El fracaso es el resultado inevitable de una acumulación de pensamientos y decisiones desacertadas. Dicho de un modo más simple, el fracaso no es más que unos cuantos errores de juicio que se repiten a diario». ¿Por qué entonces hay tantas personas inconscientes de las decisiones que toman todos los días que las alejan de sus metas en lugar de acercarlas a ellas? ¿Por qué seguimos repitiendo conductas día tras día cuando éstas ya no nos sirven? Porque, como dice Rohn, «el placer del momento pesa más que las consecuencias en el futuro». Puesto que no reconocemos muchas de nuestras conductas, y no sólo nosotros sino que tampoco las reconocen las personas que nos rodean, suponemos que no tienen importancia. Pero sí la tienen. Ninguna acción, por pequeña o insignificante que parezca, pasa inadvertida. Aunque pensemos que nos escapamos de algo, el universo sabe la verdad, y en lo más profundo, nosotros también. Podemos pasar años engañándonos creyendo que vamos en la dirección de nuestros sueños. Pero el estado de nuestros asuntos actuales refleja la verdad respecto a nuestras decisiones. En otras palabras, la prueba está en los resultados.

Marcus, un hombre encantador a punto de llegar a los cuarenta, es un reputado entrenador de *fitness*. Marcus es muy bueno en su trabajo y disfruta haciéndolo, pero su sueño es ser actor. Marcus es un apasionado de las artes y se siente de maravilla actuando. Comprometido con su pasión, va a clases de interpretación y actúa en compañías de teatro *amateur*. Es un actor excelente que siempre recibe muy buenas críticas por su trabajo. Dice que nunca se siente tan vivo como cuando está en el escenario. Después de unos años de ver su carrera de actor como una simple afición, Marcus decidió ir dejando paulatinamente su profesión de entrenador de *fitness* y dedicarse a su carrera de actor a tiempo completo.

Cuatro años más tarde, Marcus está más lejos que nunca de vivir su sueño. A pesar de su meta de ser actor profesional, sus acciones y conductas le han dejado claramente anclado en el pasado y no le han acercado al futuro que tanto ansía. Le pedí a Marcus que hiciera una lista de las decisiones que tomaba a diario que le alejaban de su meta. La lista era parecida a esto:

- Siempre estoy aceptando nuevos clientes, me queda poco tiempo para dedicarme a mi carrera de actor.
- Gasto más de lo que gano al mes, lo cual me obliga a aceptar nuevos clientes para saldar mis descubiertos.
- Paso más tiempo y energía desarrollando mi cuerpo físico que mi arte.
- Escucho mi diálogo interior, que me dice que es demasiado difícil y que soy demasiado mayor.
- Hago cursos para desarrollar mis habilidades como entrenador personal en lugar de tomar más clases de interpretación para mejorar mi interpretación.

Marcus justifica sus elecciones diciéndose que necesita su práctica de *fitness* para tener algún recurso en caso de que su carrera como actor no funcione. Pero tener un pie en la barca y otro en la orilla ha hecho que sus sueños se quedaran estancados. Cada día que pasa se siente más arrastrado hacia el pasado y más alejado del futuro.

Nuestras mentes son engañosas. La mayoría seguimos engañándonos a diario. La capacidad para racionalizar la conducta que va en contra de lo que queremos en la vida puede ser nuestra mayor maldición, porque nos hace maestros de la justificación de nuestras acciones. Al plantearnos cada día esta pregunta correcta: «¿Esta decisión me conducirá a un futuro inspirador o me mantendrá atado al pasado?», tenemos una brújula con la que controlar la dirección de nuestra vida. Cuando nos la planteamos, se abren nuestros ojos. Luego podemos empezar a reconocer cuántas de las decisiones que tomamos a diario, semanal y mensualmente nos acercan a nuestras metas y cuántas nos alejan de la misma.

A Bill le había ido muy bien en su carrera como gerente de su empresa. A los cincuenta ya había conseguido muchas de sus metas profesionales y había adquirido la posición social, dinero y demás cosas asociadas al éxito. Pero cada mañana cuando se levantaba era consciente de que le faltaba algo. No había pasión en su vida. A decir verdad, hacía años que no sentía ningún entusiasmo por su trabajo, pero seguía en él porque era lo que conocía y se sentía seguro. Puede que no fuera lo que quisiera, pero decidió que era mejor que lo desconocido. Iba a trabajar con la mala conciencia de que no estaba haciendo nada en su vida por ayudar a los demás. En el fondo anhelaba contribuir de algún modo.

Siempre había deseado trabajar en una organización que hiciera algo por cambiar el mundo. Durante años se había dicho a sí mismo que llegaría un día en que podría perseguir su sueño. Pero en el fondo temía que si seguía su sueño y fracasaba, no podría soportarlo. Por eso se quedaba donde estaba. Aun así, el conflicto entre su deseo y sus temores le devoraba día a día.

Empezó a observar sus decisiones diarias y a preguntarse: «¿Esta acción me conducirá a un futuro positivo o me dejará anclado en el pasado?» El tiempo se acababa y ya no podía seguir posponiendo su decisión. Inmediatamente, empezó a tomar decisiones más coherentes con el futuro que deseaba.

Se enteró de que había una organización no gubernamental cuyo único fin era transformar la vida de las personas. Tanto le inspiró el impacto que esta organización estaba teniendo en el mundo que decidió dedicar voluntariamente su tiempo y energía a contribuir en esta misión. Aprovechó todas las oportunidades para contribuir con su talento y habilidades. Escribió manuales de protocolo que mejoraban la eficacia de los actos planificados por la organización. No escatimó pasión ni energía. Se dedicó por completo a los principios de la obra y aprendió todo sobre la organización y su funcionamiento.

Comenzó a sentir un cambio en su estado de ánimo general y en su energía. Aunque trabajaba más horas —en su trabajo habitual durante el día y con su organización durante la noche—, tenía más energía y se sentía más vivo que nunca.

Con el tiempo se dio cuenta de que ése era el tipo de trabajo que siempre había deseado. Inició conversaciones con personas clave de la organización y escribió una propuesta para mostrar de qué forma su contribución podía apoyar su visión. Seis meses después, le ofrecieron el trabajo de sus sueños. Al final, su deseo de una vida más plena ganó la partida. Al seguir a su corazón y renunciar a la familiaridad del pasado, se creó una vida que nunca pensó que fuera posible. Su trabajo le inspira y satisface su antiguo anhelo de ayudar a cambiar la vida de los demás. Empieza todos los días con un propósito definido, y siente energía y entusiasmo en su vida.

Aceptar el riesgo de seguir a nuestro corazón nos da energía para el futuro e infunde vida a nuestros sueños. Al detenernos y preguntarnos si lo que estamos haciendo nos conduce a un futuro inspirador o nos aleja del mismo, tenemos la oportunidad de recordar la visión para nuestra vida. Entonces podemos ver con toda sinceridad cuántas de nuestras decisiones nos conducen en la dirección correcta y cuántas nos desvían de la misma.

Esta pregunta puede cambiar tu vida en un instante, porque tan pronto como nos damos cuenta de que vamos en la dirección equivocada, tenemos el poder de tomar otra decisión, una decisión que nos puede conducir a la vida que deseamos.

5

¿Me aportará esta decisión
una satisfacción a largo plazo
o sólo una gratificación inmediata?

La mayoría de las personas pretendemos crearnos un futuro más estimulante y que nos haga sentirnos realizadas. Pasamos innumerables horas soñando despiertos respecto al día en que se cumplirán nuestras metas y descansará nuestro corazón. Esta pregunta: «¿Esta decisión me aportará una satisfacción a largo plazo o sólo una gratificación inmediata?», es esencial para todos los que estamos comprometidos en hacer realidad nuestros sueños. Es esencial que permanezcamos enfocados en nuestros deseos a largo plazo en nuestros quehaceres cotidianos, porque es muy fácil desviarse del camino y experimentar un lapso de memoria momentáneo cuando estamos a punto de avanzar con más fuerza hacia nuestros deseados futuros. Cuando nos planteamos esta pregunta antes de tomar una decisión, podemos decir si estamos eligiendo permanecer en el camino de nuestros sueños o desviarnos del destino de los mismos.

Para conseguir una plenitud en el futuro hemos de aferrarnos a nuestra visión de éste. Se requiere cierta tenacidad y enfoque para estar en la senda. El ser humano, por naturaleza, tiende a buscar la solución fácil y padecer las consecuencias de su conducta después.

Las decisiones tomadas en el calor del momento, sin pensar en las consecuencias, son elecciones basadas en la gratificación inmediata. Vienen sin previo aviso, generalmente en forma de una compulsión, un impulso o un capricho, y suelen asaltarnos por sorpresa; se las conoce por su apodo de «las ladronas de sueños». Cuando tomamos decisiones respondiendo a un arrebato, un impulso o un antojo, podemos estar seguros de que se trata de una gratificación inmediata, no de una satisfacción a largo plazo.

La gratificación inmediata es una ilusión. Es un intento de autoengaño. Lo cierto es que, en realidad, no es gratificante tomar decisiones que interfieran en nuestros planes futuros. Mi hermano Michael me dijo: «El término "gratificación inmediata" es engañoso porque no es una afirmación exacta de lo que está sucediendo realmente. Deberíamos hablar de "gratificación instantánea", porque tan pronto como ha terminado no queda nada. Intentas gratificarte rápidamente, pero en cuanto te das cuenta de que te has alejado de tu meta, empieza el remordimiento».

La realidad es que las decisiones que apoyan nuestra satisfacción a largo plazo no siempre son divertidas. No son las elecciones más fáciles o más sexy. Pero tomar decisiones con nuestro futuro en mente es esencial si queremos que nuestra visión se convierta en una realidad.

Cuando tomamos decisiones que están en conflicto directo con nuestros sueños, nos arrebatamos el futuro que deseamos. Engañarnos diciéndonos que llegaremos a nuestro destino mientras nos desviamos de la ruta es un chiste malo. La gratificación inmediata nos asegura que estaremos dando vueltas por los mismos círculos viciosos una y otra vez. El psicólogo Rollo May dijo una vez: «La enfermedad mental es hacer una y otra vez las mismas cosas esperando resultados diferentes». Si queremos un futuro diferente que no se parezca a nuestro pasado, hemos de tomar nuevas decisiones en el presente. Somos maestros de la racionalización y de bromear con nosotros mismos, engañándonos para creer que las cosas irán mejor por arte de magia. Pero recuerda que las pequeñas decisiones que son afines a nuestra visión a largo plazo son la puerta hacia nuestro futuro.

La mayoría de nosotros, en algún momento de nuestra vida, nos hemos sentido arrastrados a tomar decisiones impulsivas que nos han desviado del camino de nuestros sueños y nos han dejado en un largo y oscuro camino que no conduce a ninguna parte. Quizá recuerdes una época en que tenías un incontrolable deseo de tomarte un pastel bañado con chocolate caliente justo cuando acababas de comenzar tu dieta. Puede que te dieras cuenta de que estabas comprando por catálogo después de haber terminado de pagar los altísimos intereses de tu tarjeta de crédito. Estos anhelos vienen con rapidez y, cuando no se les hace caso, nos harán olvidar con qué estamos comprometidos y harán que satisfagamos la necesidad del momento.

Denise llevaba divorciada más de veinte años y le quedaba poco para cumplir los cincuenta. Vino a verme porque quería saber por qué razón no había encontrado al hombre de sus sueños. Su deseo de enamorarse y de casarse la perseguía desde hacía años. La historia que ella ha defendido desde hace años respecto a por qué no tiene la relación que desea es porque nunca ha conocido al hombre adecuado. Ésta era una buena excusa de por qué seguía soltera después de tantos años. Pero observando con más detenimiento su problema, descubrimos una verdad más profunda: sólo sale con hombres que son diez o quince años más jóvenes que ella, hombres que sólo buscan diversión, no una relación larga y un compromiso. De modo que en lugar de ser fiel a su más profundo deseo y buscar a alguien que quiera las mismas cosas que ella, opta por la vía fácil de una noche de juerga. La di-

versión generalmente sólo dura unas pocas semanas, y luego te
deja un sentimiento de soledad, sin que estés más cerca de tu
meta que lo estabas pocas semanas antes.

---ↁↁↁ---

¿Por qué optamos por las soluciones rápidas y preferimos sufrir
las consecuencias después? Cuando nos desviamos sistemática-
mente de la senda hacia nuestros sueños, podemos estar seguros
de que hay una necesidad inconsciente que está intentando aca-
parar nuestra atención. Puesto que la mayoría de las personas no
nos preocupamos mucho de nuestro mundo interior, la única
forma de que nuestras necesidades inconscientes se satisfagan es
respondiendo a los impulsos.

Si eres humano, es muy probable que tengas necesidades no sa-
tisfechas de las que tal vez no eres consciente. Estas necesidades están siempre al acecho, buscando oportunidades para que nos cui-
demos de ellas. Si no tomamos la decisión consciente de satisfacer
las necesidades subyacentes, se convierten en intrusas, y se agarran
a cualquier solución inmediata que las calme en el momento.

A menudo usamos la misma conducta para satisfacer diferentes necesidades inconscientes. Un día puede que comamos un pastel de chocolate porque estamos deprimidos. Al día siguiente, nos lo
comemos porque estamos enfadados con nuestra pareja, y al otro
porque no nos sentimos realizados en nuestro trabajo. Actuamos
por impulsos porque intentamos cambiar nuestros sentimientos, y
la vía fácil nos ofrece la esperanza de encontrar algo de consuelo en
ese momento. Intentamos medicarnos haciendo algo que en última
instancia no es bueno para nosotros. No obstante, lo que al principio parece un alivio, en realidad es una forma de castigarnos.

Es esencial que reconozcamos y satisfagamos nuestras necesidades desatendidas, porque si no les dedicamos un tiempo,
siempre estarán interfiriendo en nuestro camino, alejándonos
cada vez más de nuestras metas. Si desoímos nuestras necesida-

des internas, continuarán conduciéndonos a actuar de manera impulsiva para que abandonemos nuestra visión a largo plazo en favor de la gratificación inmediata. Entonces serán nuestras necesidades insatisfechas, en lugar de nuestra visión, las que guíen nuestra conducta.

Bob, un agente de bolsa de Wall Street de cuarenta años, evita hacer frente a sus sentimientos a toda costa. Aunque había tenido mucho dinero, hace seis años que sufre problemas económicos. Bob se niega a enfrentarse a la realidad de su situación económica y así evita el dolor de sus errores pasados y de sus pérdidas económicas. Si se permitiera revivir todos los excesos y su vergüenza respecto a lo que ha hecho con su dinero, podría valorar adecuadamente su situación y crear un nuevo plan. Por el contrario, no hace más que empeorar la situación actuando por los mismos impulsos que le condujeron a la frágil situación económica en la que hoy se encuentra. Compartí con él la teoría del hoyo de Dennis Schmucker que dice: «Cuando te encuentres en uno, deja de cavar».

Al final, cuando ya estaba completamente derrotado por sus fracasados intentos de remontarse, tuvo que enfrentarse al hecho de que todos sus esfuerzos para recuperar su dinero no eran más que remiendos que sólo empeoraban la situación y elevaban gravemente su nivel de ansiedad. Cuando se vio forzado a enfrentarse a la realidad de su situación, se vio cara a cara con esos sentimientos de devastación y vergüenza que tanto había evitado. Al hacerles frente en lugar de intentar camuflarlos siguiendo el mismo esquema de hacerse rico enseguida, se planteó las preguntas correctas y emprendió las acciones que sabía que le conducirían a una estabilidad económica duradera.

Hay una especie de espejismo que nos hace creer que encontraremos la salida cavando más hondo. Nos ponemos a comprar como locos porque nos hemos ceñido al presupuesto durante un mes. Seguimos apostando cuando ya hemos perdido el salario de un mes. Estamos dos horas en el gimnasio, y nos recompensamos con un batido de vainilla.

Hay una paradoja en todo esto, porque aunque necesitamos estar enfocados en nuestros planes de futuro, al mismo tiempo no queremos privarnos de los gustos de cada día. La diferencia importante es que no todas las decisiones que suponen una gratificación inmediata son malas. Algunas personas están tan enfocadas hacia el futuro que se niegan cualquier diversión. A todos nos va bien bajar la guardia de vez en cuando y disfrutar de algún placer momentáneo. A todos nos conviene no ser demasiado rígidos, pero hemos de ser conscientes de que no hemos de ceder en esas áreas de nuestra vida en las que estamos luchando. De modo que si tu meta principal es perder peso, has de ser consciente cuando cedas a tus deseos en esa área de tu vida. Asimismo, si tu meta es ahorrar, ceder al deseo de comerte un pastel bañado con chocolate caliente puede ser mejor que ceder al impulso de gastarte 300 dólares en una chaqueta.

Las preguntas que te has de plantear son: «¿Esta acción me alejará del futuro que ansío?» y «¿Tengo realmente elección en esta área de mi vida o estoy actuando debido a una necesidad inconsciente?» Esta pregunta correcta —«¿Esta decisión me aportará satisfacción a largo plazo o una gratificación inmediata?»— se ha de utilizar cuando veas que no te acercas a tus deseos, cuando siempre sean las mismas metas las que siguen desatendidas año tras año y cuando te des cuenta de que repites las mismas acciones una y otra vez.

Esta pregunta puede suponerte una importante guía para tu vida cotidiana. Te ayudará a examinar y analizar tus conductas automáticas. Sólo cuando eres fiel a la visión más elevada de tu vida, puedes ver si tus decisiones terminarán llevándote en la dirección de tu visión. Utilizar esta pregunta te permite dejar una cosa por otra que todavía deseas más. Supondrá un firme barómetro para determinar si las decisiones que tomas hoy te ayudarán en el futuro.

6

¿Tengo el control de la situación o intento complacer a otro?

Esta poderosa pregunta: «¿Tengo el control de la situación o intento complacer a otro?», nos desafía a creer en nosotros mismos y tomar la valiente decisión de confiar en nuestra habilidad innata para saber qué es lo que más nos conviene. Para actuar por nosotros mismos hemos de acabar con nuestra necesidad de agradar a los demás y sustituirla por el compromiso de respetarnos, aunque nuestras decisiones vayan en contra de la opinión popular. Para actuar por nosotros mismos hemos de ser atrevidos, tener confianza en nuestras capacidades y la valentía para valernos sin la ayuda de nadie. También requiere que seamos vulnerables, que escuchemos nuestra voz interior y asumamos riesgos que nos sacan de la seguridad de lo conocido. Reclamar todo nuestro poder nos exige que tiremos los dados, hagamos nuestra mejor tirada y vayamos a por lo mejor de nuestra vida.

Ninguno de nosotros sabe si lo que pensamos, queremos o creemos nos aportará el futuro que deseamos. Con demasiada frecuencia pensamos que los demás lo saben mejor. Es muy fácil menospreciar nuestras habilidades, diciendo: «No estoy seguro», «No sé cómo hacerlo» o «Ellos lo saben mejor que yo». Pero ninguna de estas declaraciones nos aporta paz ni fuerza. Muchas veces dejamos que nuestros temores de no ser lo bastante fuertes, inteligentes o merecedores ganen la partida. Ser los amos de nuestro poder significa honrar el hecho de que cada uno de nosotros ha venido a esta Tierra con todo lo que necesita para vivir una vida plena y llena de sentido. Ser los amos de nuestro poder significa reclamar la credibilidad y el carácter único de nuestra humanidad. Significa confiar en que nuestro brillo nos guía. Actuar por nosotros mismos nos incita a descubrir y a afirmar lo que es bueno para nosotros y lo que no lo es. Cuando estamos afianzados en nuestra verdad y nos responsabilizamos de nuestra vida, damos ese valeroso salto de fe, necesario para superar nuestros temores y caminar a través de la intimidación de los demás.

Sin que importe quiénes somos, ni lo ricos, famosos, inteligentes o educados que seamos, llega un momento en que todos tenemos que enfrentarnos a la decisión de reclamar nuestro poder, o entregarlo en un intento de complacer a otro. Hace unas pocas noches estuve hablando con mi amiga Alanis Morissette, la brillante poeta y siete veces ganadora de los premios Grammy, sobre la importancia de actuar por nosotros mismos y luchar por lo que creemos que es justo, aunque vaya en contra de la opinión popular. Ambas teníamos muchos ejemplos de momentos en nuestras carreras en los que renunciamos a nuestro poder y lo entregamos a alguien que creíamos que sabía más que nosotras. Ella compartió conmigo una experiencia que había tenido varios años antes, después del tremendo éxito que tuvo su primer álbum, *Jagged Little Pill*. Alanis tenía el compromiso de transmitir su mensaje en una forma en particular y tenía el fuerte deseo de escribir y dirigir su propio vídeo musical. Sin embargo, se encontró con una fuerte oposición. Los ejecutivos de la industria de la música hicieron todo lo posible para disuadirla, diciéndole que dirigir su propio vídeo no era la decisión más inteligente porque era demasiado inexperta y, por lo tanto, incapaz de tener una visión general del proyecto. Incluso llegaron a decirle que al hacer su propio vídeo arruinaría su carrera. Muchas de las personas allegadas a ella también reaccionaron con miedo y desconfianza.

Aunque Alanis estaba triste, frustrada y decepcionada por la falta de apoyo de las personas en quienes confiaba, eligió seguir adelante de todos modos, valorando su instinto como artista más que ningún deseo de complacer o de cumplir con las expectativas de quienes la rodeaban.

Alanis se mantuvo fiel a sí misma y reclamó su derecho a transmitir su música de la forma que consideraba auténtica para su integridad personal. Toda esta empresa creativa le dio más fuerza, y al final no sólo estuvo plenamente satisfecha con el resultado sino con todo el proceso. Me dijo: «Sé que cada experiencia de ser fiel a mí misma alimenta a la siguiente. Ser fiel a mí misma me ha ayudado a confiar en tomar las riendas, dirigir y producir mi propia música. No estaría donde estoy ahora si hubiera escuchado a los que querían que abdicara de mi poder, o si hubiera permitido que los demás me definieran en el campo creativo».

Alanis tuvo el valor de asumir su poder y hacer realidad su sueño. Aunque el camino fue duro, tuvo perseverancia y confianza en que, dondequiera que acabase su proyecto, sería lo mejor para ella. Se concedió el regalo de ser fiel a su integridad personal.

Para crear la vida de nuestros sueños, necesitamos unos buenos cimientos sobre los cuales construir quiénes somos y qué es lo que queremos. Construimos este cimiento inamovible viviendo dentro de la estructura de nuestra integridad personal. Cuando somos nosotros mismos, estamos firmemente establecidos en nuestra verdad, lo que significa que atendemos a nuestras necesidades, deseos y a nosotros mismos. Cuando vivimos una vida íntegra, seguimos las directrices que son acordes con los deseos de nuestra alma. Cuando estamos en armonía con nosotros mismos, confiamos lo suficiente como para seguir a nuestro corazón. Entonces podemos ser firmes y decir la verdad respecto a quiénes somos y qué queremos, aunque ello suponga decepcionar a alguien.

Por otra parte, sabemos cuándo titubeamos y estamos desconectados de nuestra integridad, porque en esos momentos nos sentimos intimidados y apocados. Renunciamos a nuestras necesidades y deseos para conseguir el amor de los demás. Cada vez que intentas complacer a otro y cambiar tu verdad por la suya, estás renunciando a algo de tu poder. Te olvidas de quién eres, y entregas a otros las riendas de tu vida. Cada día tienes la oportunidad de reclamar el derecho a ser tú mismo. Reclamar nuestro poder exige que demos lo mejor de nosotros, a la vez que respetamos los aspectos más elevados y sagrados de nuestra humanidad.

Ser nosotros mismos implica aceptarnos tal como somos. Supone aceptar nuestros puntos fuertes y débiles, nuestros aciertos y desaciertos, sin importarnos lo que puedan pensar los demás. Cuando nuestra vida está llena de integridad, nos sentimos lo bastante fuertes como para ser fieles a nuestros deseos.

Siempre que vivimos fuera de nuestra integridad personal, ponemos barreras que impiden que nuestros sueños se traduzcan en realidad. En cualquier área de nuestra vida en la que no seamos capaces de actuar con integridad o violemos nuestro propio entendimiento de lo que está bien y lo que está mal, estamos anteponiendo las necesidades del mundo a las nuestras. Cuando sucede eso, nos desconectamos de la magnitud de nuestro poder y de nuestra habilidad para crear lo que queremos.

Cuando no somos fieles a nuestra integridad personal, nos alejamos de la inteligencia innata y ya no podemos oír la voz de nuestra sabiduría interior. Nuestra sabiduría interior nos habla a través de nuestro instinto. Cuando ya no confiamos en el instinto, volcamos fuera todo nuestro poder.

No hace mucho yo misma tuve esta experiencia; mi intuición me indicaba repetidamente que algo no andaba bien, pero, no obstante, desoí estas advertencias internas. En el mes de diciembre de 2002, compré la casa de mis sueños. Estaba situada en una colina mirando al Pacífico, tenía todo lo que yo quería, incluidas unas vistas imponentes. El único fallo consistía en que era un poco pequeña para mi hijo y para mí. Soy de esas personas a las que les gusta reformar las casas, de modo que empecé con la tarea de encontrar a un arquitecto que me aconsejara cómo convertir esa casa en mi palacio perfecto. Tras hablar con dos arquitectos, escogí al que me dijo todo lo que yo quería oír, es decir que podía tener el diseño que quisiera y que las obras estarían finalizadas dentro de seis meses sin salirme del presupuesto.

Pero eso no fue así. Transcurridos tres meses, como ninguno de los trabajos se había hecho en el tiempo previsto, empecé a sospechar y preocuparme. Cada semana me reunía con mi arquitecto con la esperanza de que me dijera algo tranquilizante. Aunque nunca me daba respuestas directas a mis preguntas, sonreía mucho y decía cosas como: «No te preocupes. Todo está bajo control. Sé lo que estoy haciendo». Cada semana salía de nuestros encuentros un poco más tranquila, pero nunca lo suficiente como para acallar la refunfuñona voz interior que me decía que las cosas no iban bien y que no me estaba poniendo en mi sitio.

Por lo general, soy una persona que sabe ponerse en su sitio. Bajo cualquier otra circunstancia —con un empleado, con mi agente, con un editor o con las amistades—, nunca me conformo con respuestas vagas. Pero, como me dije a mí misma que esta persona era una experta, que sabía más que yo y para colmo era un amigo personal, intenté disuadirme para no reclamar mis derechos. No hice caso de la voz interior y metí la cabeza bajo el ala, haciendo ver que todo estaba bien. Al mirar retrospectivamente puedo ver todo lo que no hice y que acabó costándome el control de esta situación. Éstas son algunas de ellas:

- Nunca le di el contrato a mi abogado para que lo leyera.
- No confié en mi intuición que me decía que buscara otra opinión, cuando se empezaron a incumplir los tratos esenciales.
- Puesto que mi arquitecto era un amigo personal, nunca me preocupé de buscar referencias.

- Nunca quise enfrentarme al hecho de que había perdido la confianza en él, es decir, en él o en mí misma.

Como es natural, tenía muchas opciones a mi disposición. Podía haberle dicho que no prosiguiera con las obras hasta que me hubiera aclarado realmente todas mis dudas. Podía haber llamado a otro arquitecto para que revisara su trabajo y me explicara qué es lo que estaba pasando realmente. Pero mi temor a tener una confrontación con la persona a la que había contratado y que a raíz de ello *dejara de agradarle* me hizo guardar silencio y terminó costándome más dinero del que estoy dispuesta a reconocer, y un año y medio de tiempo. El mío fue un error caro, el tuyo no tiene por qué serlo.

Comparto esta experiencia para ilustrar lo fácil que puede ser entregar nuestro poder a otra persona o situación y lo tentador que es a veces desoír a nuestra voz interior. Nuestra intuición es como un barómetro, nos hace saber cuándo hemos delegado nuestro poder en otro. Nos susurra al oído: «Despierta y presta atención. Algo va mal. No te tendrían que tratar de ese modo». Nuestra intuición es esa llamada de aviso en la puerta: «¡Hay alguien ahí, algo no va bien! ¡No lo hagas!» Si nos encogemos ante el pensamiento de la confrontación, hay muchas probabilidades de que nos sintamos demasiado intimidados como para decir nuestra verdad. Puede que nos digamos que los demás saben más que nosotros, que son más inteligentes o tienen más experiencia y que, por lo tanto, no se debe cuestionar su autoridad. Cuando negamos nuestra intuición y anteponemos la de los demás, nos alejamos de nuestra verdad y les servimos nuestro poder en bandeja de plata.

A fin de ser los amos de nuestro poder hemos de aceptar la confrontación. Hemos de estar dispuestos a hacer zozobrar el barco y provocar algo de oleaje. Hemos de confiar en que es más importante ser fiel a uno mismo que tener la aprobación de los demás.

Complacer a los demás es una costumbre que algunas personas hemos desarrollado de jóvenes. Aprendimos que si hacíamos algo especial, si éramos encantadoras, bailábamos, teníamos buenos modales o conseguíamos buenas notas en la escuela, podíamos ganarnos el afecto y la aprobación deseada. Algunas personas también aprendimos que teníamos que renunciar a nuestras necesidades para encajar en nuestra familia. Nos guardábamos nuestras opiniones. Permanecíamos en silencio, incluso cuando nos moríamos de ganas por expresar nuestra visión. Seguíamos la corriente, en lugar de provocar olas. Para la mayoría de nosotros este patrón de comportamiento comenzó en las relaciones con nuestros padres. Ahora este hábito está firmemente arraigado en nuestra psique. Hemos aprendido a renunciar a nuestro poder para conseguir la aprobación de los demás. Nos negamos el don de nuestra voz interior, de nuestras opiniones y de expresarnos con sinceridad. Las obligaciones, los condicionantes y el sentido de culpa dictan nuestras acciones.

Si estamos atrapados en el patrón de agradar a la gente, no podemos tomar decisiones con claridad. Nos sentimos impulsados a satisfacer las necesidades de los demás para que nos amen. Para ser los amos de nuestro poder hemos de saber decir *no*. Hemos de estar dispuestos a abandonar la necesidad de buscar la aprobación de los demás y de hacerles felices. Lo cierto es que no gustaremos a todos y que no estamos obligados a hacerlos felices, del mismo modo que los demás tampoco están obligados a hacernos felices.

Es fácil renunciar a nuestro poder para complacer a nuestra pareja o consolar a nuestros familiares. Pero si las decisiones que tomamos nos roban demasiado tiempo privado, si nos alejan de nuestra felicidad, de nuestra paz interior o impiden que expresemos nuestro don creativo, al final son violaciones que estamos perpetrando a nuestra alma. Estas violaciones no sólo nos afectan de forma negativa a nosotros, sino a todas las personas con las que nos relacionamos. Cuando no nos preocupamos de nosotros porque intentamos hacer felices a los demás, forjamos un resentimiento hacia esas mismas personas que estamos tratando de complacer. Últimamente, mi amiga Jen tuvo esta experiencia cuando se estaba tomando un tiempo libre.

Después de trabajar durante veintiún días seguidos, se sentía agotada y sin energía. Sin reparo alguno dijo a su familia, compañeros de trabajo y amigos que se iba a tomar un tiempo para alimentar su alma y gozar de ese descanso que tanto necesitaba. Ella y su novio Jeff se fueron a pasar una noche en un balneario cercano para reponerse y relajarse. Jen se levantó la mañana siguiente con la deliciosa realidad de no tener nada que hacer. Tenía todo el día por delante y estaba libre para hacer lo que le placiera. Entonces Jeff le preguntó inocentemente si podían desayunar con uno de sus amigos. La primera reacción de Jen fue: «En modo alguno. Éste es *mí* día». Ella quería ir al gimnasio antes del masaje de la tarde, e ir a desayunar con el amigo de Jeff hacía que eso fuera imposible.

Aunque lo que en realidad quería era tener tiempo para estar sola, decidió que lo «mejor» era decir sí al desayuno. Razonó su decisión diciéndose que el amigo de Jeff sólo estaba en la ciudad durante un par de semanas y que quizás ésa fuera su única oportunidad de conocerle. Siguió justificando su decisión pensando que a ella no le gustaría que nadie le negara el derecho a ver a una de sus antiguas amigas de otra ciudad, entonces, ¿cómo podía negarse a la petición de Jeff? «¿Qué daño puede hacerme dedicar una hora a la causa del desayuno? En el gran esquema de las cosas, esta decisión realmente no tiene importancia», pensó.

Pero en cuestión de minutos tras haber aceptado, se enfadó consigo misma y se arrepintió de haber cedido tan fácilmente ese precioso tiempo para estar sola por complacer a su pareja. Con ello había desatendido su necesidad profunda de dedicarse por entero ese fin de semana. Cayó en el patrón familiar de anteponer las necesidades de los demás a las suyas. Cuando el desayuno hubo terminado, Jen se sentía impotente y muy resentida. Y como suele suceder, no sólo estaba enfadada consigo misma sino también con Jeff por no haber sido consciente intuitivamente de sus necesidades. Jen ni siquiera pudo gozar de todos lo beneficios y placer del masaje de la tarde por estar demasiado ocupada en regañarse y sentirse decepcionada por haber cedido.

Luego, cuando estaba tumbada al lado de la piscina ese mismo día, recordó las «preguntas correctas». La pregunta que le acudió a la mente fue: «¿Estoy siendo yo misma o intento complacer a otro?», cerró los ojos y reflexionó que si se hubiera planteado esa pregunta antes de decirle que sí a Jeff, habría podido darse cuenta de lo que esa decisión iba a suponer. Recuerda la primera hora de la mañana y que no tenían que estar en ninguna parte ni nada que hacer. Recordó su compromiso de disfrutar de un fin de semana de relajación total y de hacer ese tipo de cosas que podían restaurar su equilibrio y bienestar. Entonces pensó en la petición de Jeff y se preguntó: «¿Arreglarme e ir a desayunar fuera me revitalizará o lo estoy haciendo por complacer a otra persona?» Cuando se lo planteó de ese modo, pudo ver claramente que tomar esa decisión fue una clara violación de sus necesidades, y luego entendió por qué terminó más exhausta que antes. Al elegir no ser sincera consigo misma, cedió su poder de cuidarse. Si hubiera dedicado treinta segundos a plantearse esta pregunta correcta, habría sido fiel a sí misma y todo el rumbo de su precioso fin de semana libre habría sido distinto.

¿Por qué no pudo Jen ver esto antes de padecer esas horas de desasosiego? En realidad es muy sencillo. El primer compromiso de Jen era el de ser «agradable»: cuidar de los demás y *no* ser egoísta. En su mente escoger lo que es mejor para ella equivale a egoísmo, lo cual implica que automáticamente antepone las necesidades de los demás. Algunos lectores puede que estén pensando que tomó la decisión correcta, que las necesidades de su novio deberían pasar antes que las suyas. Pero siempre que renunciamos a nuestras necesidades en pro de las de los demás, terminamos perjudicando nuestra relación con esa persona.

La «pregunta correcta» nos permite controlar nuestro poder y tener claras nuestras prioridades. Si cuando estoy en una situación desesperada elijo pasar de mí, estaré resentida con aquellos que han sido más importantes que yo. Aunque me pase el día intentando ser feliz y agradable, en el fondo estoy enfadada por haber tomado una decisión que me ha restado energía. Este resentimiento subyacente inevitablemente acabará manifestándose por más que intente negar mis sentimientos.

Cada vez que cedemos nuestro poder y restamos importancia a nuestras necesidades, seguro que salimos perdiendo. Muchas de las personas con las que trabajo están convencidas de que ellas no importan. Piensan que está bien descuidarse, siempre y cuando sea para complacer a otro. Se dicen que son lo bastante fuertes como para soportar esa negación siempre que sea para hacer feliz a otro, o bien que su misión es ser el cordero del sacrificio. Esto es lo que a muchos nos han enseñado cuando éramos jóvenes, y esta creencia nos incita a cometer una agresión contra nosotros mismos y a que representemos el papel de mártires. Cada vez que desatendemos nuestras necesidades para complacer a otro, nos desconectamos de nuestra habilidad para amarnos y nutrirnos. Por favor, quiero que recuerdes que complacer a otro no es lo mismo que cuidar de otro. Lo que importa que realicemos es que no podemos cuidar a otro si primero no cuidamos de nosotros mismos. Al consultarnos si las decisiones que tomamos proceden de ese centro de poder o de la necesidad de agradar a otro, estamos obligados a confrontar las formas sutiles y no tan sutiles de agredirnos.

Esta «pregunta correcta» te ayudará a reclamar tu poder en todos los aspectos de tu vida. Puede que sientas que en algunos aspectos tienes poder, pero que hay ciertas personas y situaciones que te cogerán desprevenido temporalmente. Es justamente en esos momentos en los que te invito a recordar que respires profundamente, consultes contigo mismo y te plantees esta pregunta esencial.

7

¿Voy en busca de lo bueno
o voy en busca de lo malo?

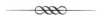

La pregunta «¿Voy en busca de lo bueno o voy en busca de lo malo?» tiene el poder de transformar un momento de desesperación en uno de gozo. Cuando buscamos lo correcto enfocamos conscientemente la lente de nuestra percepción. De pronto, somos capaces de ver lo bueno de cada situación y de todas las personas. Pero, para la mayoría de las personas, buscar lo bueno no es nuestra forma natural de ver el mundo. De hecho, muchos de nosotros estamos entrenados para descubrir el «pero» de cada situación o relación. Sin embargo, cuando elegimos ver lo bueno, se nos presenta una nueva realidad.

Las personas que tienen éxito en la vida buscan lo bueno. Voy a poner un ejemplo. Hay más de 700 agentes inmobiliarios en la ciudad costanera de La Jolla, California, donde yo vivo, y probablemente sean menos de una veintena los que realmente hacen negocio. Tuve el privilegio de trabajar para uno de esos veinte, un hombre llamado Ozstar Dejourday. Cada vez que me conectaba con su contestador, oía una voz optimista que decía: «Gracias por llamar. ¡Qué suerte tenemos de vivir en la hermosa La Jolla, California!» El mero hecho de escuchar este mensaje me inspiraba a estar animada, a sonreír y a respirar con gratitud. Ozstar es una de esas personas que buscan lo bueno.

Un día le pedí que compartiera conmigo lo que le inspiraba a tener esa actitud positiva y contagiosa con todas las personas. Quería descubrir qué poderosa lente le ayudaba a ver la vida como si fuera un desfile mágico. Me miró y con una amplia sonrisa me dijo: «Tus ojos, tu mente y tu corazón los has recibido gratis, al igual que el aire, el agua y los rayos solares. ¡Cómo no vamos a estar agradecidos por todos estos maravillosos dones! Ésta es la razón por la que la palabra "gracias" es la más importante de cualquier lenguaje. Cuando decimos "gracias", somos conscientes de todos nuestros dones y del amor que compartimos». La refrescante visión de Ozstar me recordó una de mis citas favoritas de Marcel Proust: «El verdadero viaje del descubrimiento no consiste en ver nuevos paisajes, sino en tener ojos nuevos».

Cuando buscamos lo que es bueno, invitamos a la vida a que nos bendiga con todos sus múltiples dones. Buscar lo bueno abre nuestro corazón y nos permite vivir en un estado de gratitud por todo lo que tenemos. Hace que apreciemos las pequeñas cosas que nos bendicen cada día. Consigue que muchos de los bienes que tenemos en nuestra vida dejemos de darlos por supuesto. ¡Piensa en todas las cosas por las que hemos de estar agradecidos! El hecho de que estés leyendo este libro significa que sabes leer, así como que tienes recursos para comprar un libro o acceder a una biblioteca. Tu corazón late, tus pulmones respiran y tienes la inapreciable capacidad de ver, sentir, saborear y oler. ¡Esto son dones extraordinarios! El estado de gratitud está dentro de cada uno de nosotros, y cuando nos detenemos y nos planteamos esta pregunta, accedemos inmediatamente al nivel de conciencia donde residen el amor y la gratitud. Cuando buscamos lo bueno, inspiramos a nuestros hijos, amigos, compañeros de trabajo y comunidad.

Buscar lo bueno de la vida es un arte que requiere práctica. Pero aquí está la recompensa: cuando buscamos lo bueno, nos sentimos bien, fuertes y merecedores. Cuando buscamos lo malo, nos sentimos mal, resignados y decepcionados.

Es fácil buscar lo que está mal. Para la mayoría de las personas es la forma habitual de ver el mundo. Somos expertos en describir con detalle lo que no funciona en nuestro trabajo, con nuestra madre, en nuestra relación, con nuestros profesores, hijos, cuerpos, gobierno y cuentas bancarias. Cuando buscamos lo que está mal, elegimos ver nuestra vida a través de la lente más estrecha posible, divisando las áreas donde no se han cumplido nuestras expectativas, donde otros no han sabido satisfacer nuestras necesidades, donde el mundo no tiene el aspecto que nosotros habíamos decidido que tuviera. Cuando buscamos lo que está mal, ponemos la vista en las cualidades negativas de los demás, en sus puntos débiles y sus incompetencias.

Además de ayudarnos a cambiar inmediatamente de perspectiva y, por ende, de estado de ánimo, esta pregunta nos muestra que quizá —sólo quizá— lo que está mal no está «allí» con los demás. Quizá el problema no esté fuera de nosotros, sino en nuestra lente, en ese objetivo que hemos elegido para ver la vida. Podemos rebatir fácilmente este punto y decir que nuestro cónyuge *está* equivocado, que nuestro jefe *está* equivocado, y que también la camarera se ha equivocado al traernos el aliño de ensalada. Pero de lo que podemos estar seguros es de que si en una situación buscamos lo que está mal, no cabe duda de que lo encontraremos. Entonces experimentaremos decepción y descontento.

En el momento en que descubrimos que algo está mal, nuestro dedo señala automáticamente a otra persona o situación. Es fácil encontrar culpas. Es muy fácil ver defectos. Ver defectos en los demás es el recurso del perezoso. Yo lo he hecho un montón de veces. He señalado a los demás en lugar de responsabilizarme de la realidad que veo. He sido culpable de responsabilizar a mi jefe, a mi novio, a mi tutor, e incluso a mi madre, de mi descontento. Culpar a los demás se convierte en una excusa para justificar nuestros estados de ánimo y mala conducta. Al centrarnos en lo que está mal evitamos responsabilizarnos.

El mes pasado, le pedí a un grupo de diez personas que se plantearan esta pregunta y que observaran cuántas veces al día se culpabilizaban a ellas mismas, a otra persona o a una situación. Éste es el resultado:

Naomi recibió un *e-mail* de una amiga con una foto suya. Mientras miraba su foto, lo primero que pensó fue: «¡Dios mío, estoy fatal!» Lo único que pudo ver fueron sus defectos —sus dientes torcidos, sus arrugas alrededor de los ojos y la piel colgante de su cuello—. Todo estaba mal en la foto. Naomi aún fue más lejos culpabilizando al fotógrafo por haberla tomado por el lado malo.

Cuando se dio cuenta de que sólo se había fijado en lo malo, decidió dedicar el mismo tiempo a buscar lo que estaba bien. Hizo una lista de todas las partes de su cuerpo por las que podía estar agradecida y todas las cosas que pudo encontrar en sí misma que estaban bien. Estaba agradecida por su sorprendente salud, por su fuerte cuerpo y amable corazón. Se sintió agradecida por sonreír con frecuencia y por sus ojos brillantes y tiernos. Apreció su piel bronceada y su bonito pelo rubio. Su estado de ánimo cambió al momento cuando empezó a ver todo lo bueno.

Kim observó cómo estropeaba las cosas de modos aparentemente insignificantes. Una noche estaba gozando de una conversación interesante con su esposo, cuando se dio cuenta de que él estaba empezando a beberse su zumo. Se empezó a molestar tanto por todas las veces que bebía de su vaso que apenas se podía concentrar en lo que hubiera sido una conversación estupenda. En lugar de contemplar lo bueno de él, se centró en lo que le molestaba en aquel momento. De pronto observó que centrarse en lo malo los estaba privando de compartir una velada íntima juntos.

Kim se dio cuenta, respiró profundo y miró a su esposo a los ojos. Entonces recordó todo lo que le gustaba de él y fue consciente de los incontables bienes que le aportaba en su vida todos los días. Plantearse esta pregunta le permitió transformar un momento de mezquindad y frustración en un momento de amor sincero y gratitud.

Erin había tardado seis años en quedarse embarazada y tener la familia que siempre había querido. Cuando dio a luz a Jonathan estaba convencida de que era la criatura más perfecta de todo el planeta. Jonathan tiene ahora cinco años y va a la guardería. Un día que fue a recogerlo, la maestra le hizo un comentario sobre la costumbre de Jonathan de hurgarse la nariz. Erin se quedó horrorizada. Sabía que su hijo a veces tenía esa desagradable costumbre en casa, pero se sintió abochornada y avergonzada al saber que también lo hacía en la escuela. A medida que se iba preocupando cada vez más por la mala costumbre de su hijo, empezó a perder de vista todo lo demás, como el hecho de que tenía la bendición de tener un hijo sano, divertido, creativo y adorable. Cuanto más le reñía por sus acciones, más las repetía, hurgándose la nariz justo delante de ella para captar su atención.

Al final, cuando se dio cuenta de que sólo se estaba centrando en los defectos de su hijo, optó por dejar de intentar corregir su conducta y centrarse en sus cosas buenas. A la hora de acostarse, después de haberle leído un bonito cuento, empezó a acariciarle la cabeza y a decirle todas las cosas que le gustaban de él. Al cabo de unos pocos días Jonathan había dejado de hurgarse la nariz y parecía mejorar con la aprobación de su madre.

Había sido una de las semanas más frenéticas del año para Ed, jefe de producción de una empresa de espectáculos. Estaba muy ocupado con los miles de detalles antes de un gran espectáculo cuando recibió una llamada telefónica de su jefe pidiéndole que dejara lo que estaba haciendo y que fuera a su despacho para una breve reunión. Mientras se dirigía hacia la reunión, observó que su estado de ánimo había cambiado drásticamente. Había empezado el día trabajando felizmente, pero ahora se sentía angustiado y furioso. En el momento en que fue consciente de ello se preguntó: «¿Qué estoy buscando en este preciso momento, lo bueno o lo malo?» Pronto comprendió por qué había cambiado radicalmente su estado de ánimo. No sólo estaba culpabilizando a la reunión, sino a su jefe por pedirle que asistiera, y a sí mismo por no querer ir. Me llamó y me dijo: «¡Vale, Debbie, ya lo he captado! Veo lo que estoy haciendo y me siento fatal. A partir de este momento voy a elegir que cambie toda la situación para mejor».

Respiró profundamente y tomó una nueva decisión, aceptando que era totalmente perfecto tener una reunión a mitad del día. Pensó en todas las cosas que pudo apreciar respecto al cambio inesperado de planes: supuso una oportunidad para salir de la oficina durante un rato y conectar con sus compañeros de trabajo antes del espectáculo. Cambiando su visión de lo malo por lo bueno, pudo volver a un estado de contentamiento, relajarse y disfrutar de la reunión.

Ésta puede que sea la pregunta más importante que podemos plantearnos si estamos realmente comprometidos a vivir una vida sencilla y feliz. Abraham Lincoln nos recuerda que sólo somos felices en la medida en que conseguimos que lo sea nuestra mente. Ver lo malo evita que veamos la perfección que hay en nuestras vidas en estos momentos. Todos nos preguntamos qué pasaría si cambiáramos la lente con la que vemos el mundo. ¿De qué modo cambiarían nuestras vidas si viéramos a nuestros compañeros de trabajo como seres divinos que están aquí para transmitirnos una sabiduría esencial? ¿Qué sucedería si escucháramos a nuestros vecinos como si fueran las personas más sabias del mundo? ¿Nos parecerían distintos de lo que nos parecen ahora? ¿Qué pasaría si viéramos a nuestras parejas como seres cuyo único propósito es aportarnos éxtasis y felicidad? ¿Qué oiríamos? ¿Qué veríamos? ¿Qué sería posible? Ir en busca de lo bueno es una opción que potencia la vida, una elección que promete paz, satisfacción y plenitud.

8

¿Esta decisión reforzará mi fuerza vital o me robará energía?

Nuestra fuerza vital es la clave de nuestra supervivencia. Sin ella dejamos de existir. Los chinos la llaman *chi*, los japoneses *ki*, y en el Ayurveda se la conoce como *prana*, la energía vital que infunde vida en nuestro cuerpo. Nuestra fuerza vital es la guardiana de nuestra mente, cuerpo y alma. Plantearnos esta «pregunta correcta»: «¿Esta decisión reforzará mi fuerza vital o me robará energía?», nos ayuda a ver si la decisión que estamos a punto de tomar reforzará nuestra fuerza vital y propiciará que nuestra llama interior siga ardiendo con fuerza, o nos robará nuestra energía vital. Todos tenemos la capacidad de elegir, y con cada acción alimentamos o apagamos nuestra fuerza vital. Esta pregunta inmediatamente nos recuerda que cada opción, decisión y acción que realizamos tiene un efecto en nuestro yo más profundo y en nuestro bienestar.

La mayoría damos por descontado nuestra fuerza vital. Vivimos nuestra vida inconscientemente creyendo que somos inmortales, considerando normal tener buena salud y desatendiendo las necesidades de nuestro cuerpo. Pero, en los momentos en que somos plenamente conscientes, no podemos hacer más que sentir y apreciar el gran don que se nos ha concedido, el de estar vivos. Si todos fuéramos conscientes de lo valiosa que es nuestra fuerza vital, la cuidaríamos como si fuera un recién nacido. Viviríamos con el asombro del milagro de nuestra existencia. Cuando somos conscientes del valor de la vida, vivimos respetando el hecho de que nuestra fuerza vital necesita alimentarse. Automáticamente nos preguntamos cómo podemos cuidar y proteger esta valiosa energía.

Cada día nos enfrentamos a múltiples opciones. Decidimos si queremos comer, cuánto queremos descansar, cuánto ejercicio queremos hacer y a qué ritmo realizar nuestras actividades cotidianas. Cada elección que hacemos potencia o disminuye nuestra fuerza vital. En esencia, crecemos o morimos, nos expandimos o nos contraemos. Cada vez que elegimos nutrir nuestra fuerza vital, elegimos la vida. Cada vez que elegimos acciones que nos restan energía, estamos debilitando nuestra llama interior.

Es muy fácil olvidar que nuestros cuerpos son un delicado don, un hogar temporal para nuestra alma. Generalmente, sólo en los momentos de gran dolor —como cuando nos enfrentamos a la pérdida de un ser querido o a una grave enfermedad— somos conscientes de la finitud de la vida. En ese momento en que nos enfrentamos cara a cara con nuestra mortalidad o la de nuestros seres queridos, somos plenamente conscientes de lo importante que es tomar decisiones que refuercen nuestra fuerza vital, en lugar de debilitarla.

Cuando nuestra fuerza vital está en peligro, nos volcamos desesperadamente hacia el mundo exterior para recobrar nuestra vitalidad perdida. Anne es un buen ejemplo. Había pasado los últimos diecisiete años de un lado a otro intentando poner en orden su vida. Afligida por una tremenda soledad, fue de marido en marido, de novio en novio, para llegar a los cincuenta en completa soledad. Durante años fumó marihuana y tabaco para acallar su profundo dolor emocional. Con el paso de los años, siempre que la veo, puedo sentir su dolor. Ella sabía que no sólo suponía una decepción para sí misma, sino que estaba dando un terrible ejemplo a sus dos hijos mayores, a los que amaba con toda su alma.

Su gran deseo era ser una buena madre y que sus hijos la respetaran. Pero había fracasado miserablemente en su propósito. Cuando su sufrimiento se volvió demasiado intenso como para soportarlo, al final se comprometió a ver su vida con otros ojos. Sabía que en modo alguno podía ser una buena influencia para sus hijos si continuaba tomando decisiones que mermaran su vitalidad. Anne hizo una lista de conductas que le estaban robando su fuerza vital. Su lista fue la siguiente:

- Me levanto tarde por la mañana.
- Cambio continuamente de trabajo, nunca echo raíces en ninguna parte.
- Fumo hierba habitualmente.
- Fumo cigarrillos.
- Oculto mi conducta a mis hijos.
- Me retraso en el pago de los recibos.
- Siempre llego tarde.
- No cumplo mis promesas.
- Finjo que todo está en orden cuando no es así.
- Mis hijos me ven hecha polvo.
- Siempre me estoy culpando de todas mis malas conductas.

Al leer su lista le resultó fácil ver qué era lo que le estaba restando su fuerza vital, y que una parte de ella moría cada día debido a las conductas que había elegido y a acciones que en realidad eran autodestructivas. Hacía tiempo que lo sabía, pero no había podido cambiar su forma de actuar. Cuando lo vio reflejado en su lista como cosas que no potenciaban su fuerza vital y no como una prueba de su incapacidad, su perspectiva empezó a cambiar.

Al examinar la lista, empezó a pensar: «Si esto es lo que merma mi energía y, por lo tanto, mi capacidad para cambiar, ¿qué es lo que crearía lo opuesto?» Con mucho valor y la ayuda de sus amigos, pudo hacer una nueva lista, esta vez de opciones que reforzaran su fuerza vital. Se comprometió a vivir de un modo coherente con su visión de ser una madre y abuela extraordinaria y creó una nueva lista de opciones que apoyaran su nueva resolución:

- Dejar de fumar.
- Asistir a las reuniones de Drogadictos Anónimos.
- Contratar a un *life coach*.*
- Tomar alimentos sanos que me nutran y me proporcionen bienestar.
- Leer meditaciones cada día.
- Irme a vivir más cerca de mis hijos.
- Escuchar con verdadero interés las necesidades de mis hijos y responder a ellas como corresponde.
- Dedicar un tiempo de verdad a estar con mi nieto.

En menos de seis meses su mundo empezó a cambiar. En lugar de sentirse una fracasada y de odiarse a sí misma, volvió a sentirse viva. Sus hijos respondieron con generosidad reconociendo sus cambios, y que era una mejor madre y abnegada abuela.

Si tenemos presente esta pregunta cuando planificamos nuestro día, descubriremos que tenemos incontables oportunidades de

---

* Es una especie de tutor-consejero para tu vida, que hace de terapeuta, amigo, asesor financiero, etc., y que te ayuda a desarrollar todo tu potencial, fijando un plan, un método y unas fechas. Está contigo cuando has de tomar decisiones y se embarca contigo en todas tus empresas. En Estados Unidos es una profesión. (*N. de la T.*)

potenciar nuestra fuerza vital. Estar con las personas que queremos y en los lugares que nos gustan nos aporta una profunda satisfacción, tomar nuestro tiempo para digerir las cosas que nos pasan en la vida, estar menos ocupados, decir la verdad, reírnos mucho, comer bien, hacer ejercicio regularmente, hablar largo y tendido con las personas que amamos, son algunas de las mejores formas de renovar nuestra vitalidad. Nuestra fuerza vital aumenta cuando vivimos plenamente el presente.

Cuando vivimos en el pasado consumimos nuestra energía. Revivir mentalmente situaciones, acontecimientos y circunstancias sobre las que no tenemos ningún poder para cambiarlas reduce nuestra capacidad de estar en el aquí y el ahora. Cada vez que piensas en lo que tus padres no fueron capaces de darte, en el modo en que te trató tu ex amante o en el engaño de tu mejor amiga, te proyectas al pasado, a la tierra sin retorno y pierdes tu energía vital.

La tradición tolteca nos dice que cuando vivimos en una situación del pasado que nos ha abierto una herida todavía por sanar estamos entregando una parte de nuestra fuerza vital. Las emociones no procesadas que envuelven estos acontecimientos son una pesada carga para nuestros corazones. Hemos de atenderlas si queremos acceder a toda nuestra vitalidad. En última instancia descubriremos que el perdón es la clave para reclamar toda esa fuerza vital retenida en una herida del pasado.

Maggie y Sarah habían sido muy amigas durante cinco años cuando se encontraron trabajando para la misma firma publicitaria. Aunque, generalmente se les asignaban campañas distintas, las dos amigas solían ayudarse mutuamente buscando ideas a la hora de la comida. Su entusiasmo y camaradería tuvieron un gran efecto en todos sus compañeros, transformando lo que anteriormente era un despacho aburrido en un lugar lleno de energía, diversión y vitalidad. Pero las dos amigas tuvieron un roce que lo cambió todo.

Un fin de semana Sarah y su esposo invitaron a Maggie a un asado al aire libre. Maggie le dijo algo al marido de Sarah que a ésta le pareció una gran traición de su amistad y confidencialidad. Sarah le pidió a Maggie que se marchara y no le habló en todo el fin de semana. Al lunes siguiente en el trabajo, la tensión entre las dos era palpable. Cuanto más se aferraban a sus posturas, más persistía el resentimiento.

El muro de piedra del silencio siguió inamovible durante dieciocho meses. Durante ese tiempo, las dos tenían despachos contiguos, pero nunca se hablaron. Cuando iban a reuniones juntas, sólo intercambiaban miradas frías. Cuando reconocían los logros de una, a la otra le hervía la sangre de desprecio. Sarah empezó a temer ir a trabajar. Se sentía cohibida delante de Maggie, y a raíz de ello su creatividad y rendimiento laboral disminuyeron, así como su vitalidad.

Sarah estaba al límite y se estaba planteando buscar otro empleo. Le gustaba la empresa para la que trabajaba y recordaba que antes iba contenta a trabajar. Cuando la animé a que reflexionara sobre el tema, se dio cuenta de que lo único que se interponía en su camino para volverse a sentir bien era el resentimiento que tenía hacia Maggie. Fue consciente de que la rencilla le estaba costando muy cara. La estaba afectando en su estado de ánimo, en su salud mental e incluso en su rendimiento laboral. Cuando le planteé la pregunta correcta: «¿Este resentimiento está potenciando tu fuerza vital o te está robando energía?», le quedó muy claro lo que tenía que hacer. Sarah tomó la valiente decisión de deshacerse de su rencor hacia Maggie.

Al día siguiente la invitó a comer, le dijo que estaba muy preocupada por lo que había ocurrido y le pidió perdón. Ambas lloraron y pudieron expresar lo duro que les había resultado llevar esa carga de resentimiento, lo difícil que había sido estar tan cerca físicamente y tan alejados sus corazones.

No sólo tuvieron mucha más energía y entusiasmo, sino que toda la oficina celebró la reconciliación de sus diferencias. Todos disfrutaron de la atmósfera de confianza renovada, el espíritu de colaboración y la libertad de expresión que fluía en la oficina. Ninguna de ellas había reparado en cuánta vitalidad había restado su resentimiento a todas las personas que las rodeaban.

Malgastar nuestra valiosa energía es una opción. Aferrarnos a nuestros resentimientos o perdonar a los que nos han decepcionado también lo es. El resentimiento nos roba nuestra fuerza vital. Puede que sea el mayor asesino del espíritu humano de nuestros días. En nuestras manos está abandonar el pasado, seguir adelante y reclamar nuestra energía ahora.

Hacerse la pregunta correcta nos permite captar toda la energía de la que disponemos en cada momento. Nos reta a que contemplemos todas las elecciones que realizamos cada día para ver si están potenciando o agotando nuestra llama interior. No podemos tomar decisiones que debiliten nuestra llama y esperar que arda nuestro fuego. Nuestra fuerza vital es nuestra conexión con nuestra pasión y vitalidad. Cuando arde con fuerza, tenemos la energía, la fuerza y la confianza para cumplir nuestras obligaciones diarias y perseguir nuestros sueños. Cuando nuestra fuerza vital es fuerte, de nosotros emana el brillo y la belleza de nuestra verdadera naturaleza.

9

¿Utilizaré esta situación como un catalizador para crecer y evolucionar o me servirá para hundirme?

Transformar nuestros sueños en realidad significa aprender a transmutar lo negativo en positivo. Es una habilidad vitalmente importante en la vida, y cuando se pone en práctica, puede transformar el sufrimiento en paz y el caos en triunfo. Todos hemos soportado situaciones y circunstancias en la vida que nos han frenado para alcanzar nuestras metas y que han impedido que siguiéramos adelante. Todos hemos pasado dificultades, tragedias y otros contratiempos que nos han hecho difícil ver la belleza y lo bueno de las cosas. Esos acontecimientos son inevitables. Forman parte de la experiencia humana. Aunque no nos es posible evitar las experiencias no deseadas de la vida, sí lo es transformar nuestras heridas emocionales en sabiduría y utilizar todo lo que nos sucede como un catalizador que nos aportará mayor entendimiento.

Como seres humanos tenemos la habilidad única de elegir cómo queremos interpretar y digerir cada acontecimiento que tiene lugar en nuestras vidas. Todos hemos sido bendecidos con el precioso don del libre albedrío. El libre albedrío nos confiere el poder de hacer frente a nuestras experiencias. Nos permite utilizar lo que nos pasa en la vida para crecer y evolucionar, o para hundirnos.

Esta pregunta correcta: «¿Me servirá esta situación de catalizador para crecer y evolucionar o servirá para hundirme?», nos anima a aceptar la verdad de que la vida inevitablemente nos traerá algunas experiencias difíciles, que no siempre serán culpa nuestra. Cuando tengamos un incidente o nos suceda algo que nos cause sufrimiento, tristeza, sentimiento de pérdida o remordimiento, no ocultaremos ni negaremos estos sentimientos. Hemos de permitirnos sentir nuestras emociones, reconocer nuestras heridas y luego tomar la decisión de utilizar esas experiencias para mejorar nuestra vida. Hemos de examinar el incidente y ver cómo lo hemos interpretado. Entonces podemos elegir una nueva perspectiva.

Nuestras perspectivas dan forma a nuestra realidad. Una visión nueva y poderosa puede aportar valor a nuestra vida, en lugar de robarnos un futuro lleno de amor, dignidad y paz mental. Esta «pregunta correcta» nos pide que observemos qué nos sucede desde la perspectiva de que cada persona y situación de nuestra vida se comporta exactamente de la manera que necesitamos en ese momento. Una persona que nos hace un desplante, nos da malas noticias, se niega a satisfacer nuestras necesidades, un niño que hace travesuras para captar nuestra atención..., si en todos estos casos nos preguntamos: «¿Qué puedo aprender de este encuentro? ¿Cómo puedo utilizarlo para evolucionar y transformar mi vida?», empezaremos a abrirnos a nuevas posibilidades. La otra opción es pasarnos el tiempo preguntándonos: «¿Qué he hecho yo para merecer esto?», o «¿Qué es lo que estoy haciendo mal?» La primera opción nos permitirá ver puntos de vista que no habíamos contemplado antes, la segunda nos dejará atrapados en la dolorosa realidad de ser una víctima. La última realidad no nos deja ninguna opción que no sea la de sentirnos mal respecto a quienes somos y culpabilizarnos. Éstas son las dos opciones que nos ofrece esta pregunta correcta.

Todo en esta vida puede servirnos para transformarnos, para acercarnos a nuestra esencia espiritual y a nuestros sueños. En otras palabras, estamos usando nuestra vida a nuestro favor o en nuestra contra. Esto es lo que significa el dicho «La vida es un maestro para el sabio y un enemigo para el tonto». Al ver la vida como un maestro, trascendemos el dolor y el sufrimiento que nos infligimos. Podemos malgastar nuestra energía creando lo que queremos en lugar de malgastarla reviviendo el pasado.

Esta pregunta correcta cambia inmediatamente nuestra actitud de duda respecto a nosotros mismos o de recriminación, por la de tener una mente abierta dispuesta a aprender. Suaviza el momento y traslada nuestras indagaciones de querer probar lo mala que es la situación a cómo podemos realizar una acción positiva y esperar un resultado positivo.

Nuestras visiones de las situaciones influyen en cómo vemos a los demás y a nosotros mismos. Actúan como lentes a través de las cuales vemos el mundo. Si nos comprometemos a ver cada acontecimiento, relación y experiencia como una oportunidad para crecer y aprender, si buscamos las formas en que cada incidente puede ayudarnos a convertirnos en los mejores seres humanos, sin duda veremos nuevas posibilidades en situaciones que en un principio nos pueden parecer que no tienen salida. De este modo podremos sacar una sabiduría vital de estos hechos que nos proporcionarán el combustible que necesitamos para superar las dificultades y seguir adelante. Cuando vemos la vida a través de estas lentes experimentamos un nuevo grado de entendimiento. Pero lo más importante es que cuando nos planteamos esta pregunta, avanzamos sin esfuerzo hacia el futuro que deseamos.

Es fácil quedarse estancado en el drama de nuestras circunstancias actuales y, en lugar de utilizar un hecho como catalizador para crecer, convertir cualquier cosa que nos haya sucedido en algo malo para nosotros y utilizar la situación como un medio para castigarnos. La mayoría de las personas no necesitamos a nadie que nos castigue, porque nosotros mismos nos bastamos para ello. Hay muchas formas de hacerse daño y de castigarse. Nos hacemos daño cuando nos privamos de lo que queremos realmente, o cuando actuamos de formas que al final son perjudiciales, como por ejemplo, trabajar o comer demasiado. Nos hacemos daño al comportarnos de modos que luego nos harán sentirnos avergonzados. Nos hacemos daño cada vez que no somos capaces de reconocer nuestros triunfos. Nos hacemos daño reviviendo la misma historia una y otra vez, analizando por qué no lo supimos hacer mejor o qué es lo que podríamos haber hecho de otro modo. Nos hacemos daño desperdiciando nuestra valiosa energía en intentar adivinar cómo podíamos haber evitado esa situación. No importa si se trata de una cita a la que no hemos acudido, de una llamada que no hemos devuelto o de la ruptura de una relación, siempre tenemos la oportunidad de utilizar cada situación para aprender y crecer, o para utilizarla en contra de nosotros.

Lisa y Howard llevaban saliendo casi un año y se estaban planteando vivir juntos. Lisa se había enamorado perdidamente de Howard desde que le vio. Era encantador, sexy, y era muy excitante estar con él.

Howard sabía cómo tener a Lisa a sus pies. Lisa a menudo se preguntaba qué es lo que Howard realmente sentía por ella. A lo largo de su relación ella recibió muchos indicativos de que quizás él no fuera su hombre. Tenía la costumbre de mirar a otras mujeres, y le gustaba el juego, lo cual hacía que Lisa se sintiera muy incómoda. Sin embargo, seguían con la relación y fueron a consejeros para parejas, esperando poder solventar sus diferencias y ordenar sus prioridades. Al final llegó el día en que a través de una amiga se enteró de que Howard salía con otra mujer. Aunque se sintió totalmente hundida, terminó la relación de inmediato y nunca miró hacia atrás.

Durante las semanas siguientes, no podía dejar de pensar en los signos de advertencia que había desoído y en las oportunidades que había perdido de salir con otros hombres. Se lamentaba de ese año perdido en su vida y de todo el tiempo y energía que había invertido en su futuro con Howard. Una fría mañana de invierno, mientras daba su habitual paseo, se dio cuenta de que tenía que tomar una decisión crucial respecto a su forma de afrontar la situación. Podía utilizar su ruptura con Howard para seguir castigándose, o utilizarla como catalizador para crecer, evolucionar y acercarse al tipo de relación que deseaba.

Lisa tomó su diario y empezó a escribir febrilmente todo lo que había aprendido de su año de relación con Howard. Veamos su lista a continuación:

- He aprendido que me merezco estar con un hombre que esté fervientemente enamorado de mí.
- He aprendido que debo confiar en mis instintos y prestar más atención a las pistas que me dan las personas respecto a cómo son.
- He aprendido que lo más importante que puedo hacer cuando conozco a un hombre es mirar en su interior, es decir, comprar el libro y no la cubierta.
- He aprendido a no comprometer mis valores.

Gracias a su experiencia con Howard, Lisa tenía más claro que nunca lo que quería y lo que no quería en un hombre. Esto la condujo a confeccionar una lista con todas las cualidades que ahora sabía que eran importantes para ella en un hombre:

- Sinceridad.
- Integridad.
- Generosidad.
- Responsabilidad con el dinero.
- Amabilidad.

Lisa nunca había pensado en buscar estas cualidades en un hombre. Pero gracias a su experiencia con Howard, tenía más claro lo que realmente era importante para ella en el hombre con quien compartiría su vida. Cuando hubo completado su lista, ya había hecho un gran cambio. Había tomado la decisión de utilizar su ruptura con Howard para acercarse al tipo de relación que deseaba y de no seguir culpabilizándose. Este cambio le proporcionó un nuevo entusiasmo sobre su futuro, y sintió agradecimiento por el papel que había desempeñado Howard en ayudarle a aclarar sus deseos.

∞∞∞

Cuando nos castigamos, somos incapaces de conectar con la sabiduría divina que podemos extraer del sufrimiento y la decepción. El gran psicólogo suizo Carl Jung dijo: «El oro está en la oscuridad». Nuestra tarea es encontrar el oro que se esconde en cada situación y utilizarlo para avanzar en la dirección de nuestros sueños. Todos somos diseñadores, todos elegimos la lente a través de la cual ver el mundo. Cuando nos dirigimos hacia nuestras metas y entonces la «vida sigue su curso», a fin de evitar desviarnos hemos de plantearnos la pregunta correcta y tomar la poderosa decisión de utilizar la situación como una oportunidad para crecer. Hemos de tener el valor de permanecer firmes en la sabiduría de que no hay coincidencias y de que todo es exactamente como ha de ser. Es justamente en los momentos en los que se nos presentan los mayores retos cuando hemos de trascender lo que vemos y hallar un sentido más profundo en las cosas. Cuando hallamos ese sentido más profundo, experimentamos el perdón y la liberación de los acontecimientos del pasado. Esto es lo único que cambiará nuestra perspectiva y nos ayudará a acceder a una visión más amplia de la realidad.

Esta pregunta correcta es especialmente útil cuando sufres. Si estás sufriendo es porque estás utilizando algo de tu pasado o de tu presente para castigarte. Si quieres dejar de sufrir, cambia tu visión y hazte esta importante pregunta: «¿Cómo puedo usar lo que estoy experimentando ahora para crecer y evolucionar?» Esta pregunta te ofrece un alivio inmediato y te permite ver tu vida como un trabajo que va progresando. Cuando eliges ver los acontecimientos de tu vida como experiencias de aprendizaje, automáticamente transformas los momentos de dolor en momentos de iluminación. El gran maestro espiritual Muktananda dice: «Utilízalo todo a tu favor». Ésta es la característica de la maestría espiritual. Cuando elegimos utilizar estos momentos para expandir nuestro entendimiento de nosotros mismos y del mundo en lugar de contraernos con la autocompasión o recriminación, pasamos desde la impotencia al poder. La maestría elige utilizar las situaciones en las que nos encontramos, en vez de dejar que éstas nos usen a nosotros.

Lo único que has de hacer para cambiar radicalmente tu vida es elegir ver tus triunfos y tus tragedias como invitaciones para crecer y evolucionar. Plantearse esta pregunta correcta te lleva a un mayor entendimiento, claridad y propósito.

10

¿Esta decisión me da poder o me lo quita?

¿Qué significa tener poder? Significa dar o aportar poder, propulsar. Cuando tienes poder te sientes fuerte, vivo y claro, notas una energía vibrante que recorre tu cuerpo. Cuando tomas decisiones que te dan poder, te sitúas en el momento presente. Experimentas el conocimiento profundo interior de que estás justamente donde has de estar. Cuando te sientes con más poder, puedes acceder a niveles de conciencia superiores. Puesto que eliges avanzar de un modo poderoso, tu mente está tranquila y vacía de su habitual parloteo negativo. Las personas que tienen poder se valen por sí mismas e invitan a los demás a hacer lo mismo. Están en un estado de ser donde abunda el amor puro: el amor por la vida, el amor por el yo y por los demás. Proporcionan esperanza a quienes se encogen ante la vida cotidiana. Las personas que tienen fuerza son líderes naturales que inspiran a quienes las rodean. Esta pregunta correcta: «¿Esta decisión me da poder o me lo quita?», te confiere la capacidad de acceder al estado de tener poder en cualquier momento.

En mi mesa de despacho tengo un cartelito que reza: «¿Estás sobre tus esquís?» Lo tengo allí como recordatorio de lo que es sentir que tienes poder. Tener poder significa sentir la euforia de bajar la montaña sin esfuerzo. Es un estado de estar en equilibrio con las leyes de la naturaleza, donde das todo lo que tienes, sin retener, ni mirar hacia atrás, sino mirando fijamente a tu meta. Para los que no son esquiadores, una de las cosas que aprendes enseguida cuando empiezas a esquiar es que si tu peso no está sobre tus esquís, te desequilibrarás. Los esquiadores noveles suelen inclinarse hacia atrás —hacia la montaña— pensando que así están más seguros. Pero lo cierto es que si intentas bajar la pista inclinándote hacia la montaña, es mucho más probable que vuelques y aterrices sobre tus posaderas.

Para permanecer sobre tus pies y hacer un descenso suave has de ir en contra de tu instinto natural de agarrarte. En la posición hacia delante encontrarás una tierra firme, un movimiento seguro y fluido que te permitirá descender con facilidad y alegría. Cuando avanzas a toda velocidad en la dirección de tus deseos, actuando, dejándote llevar y en perfecta alineación con el universo, estás dando poder a tu persona y a tu vida.

Plantearse esta pregunta correcta te sacará rápidamente del pasado y te situará en el presente, porque podrás sentir la experiencia de poder dentro de tu cuerpo. Sabes que tus elecciones te dan fuerza, cuando te sientes fuerte y seguro en tu interior. Sabes que has tomado una decisión que te resta fuerza cuando te sientes inseguro, inadecuado y resignado.

Hace ya varios años que a través de mi instituto de *coaching*, formo a las personas para que transmitan mi trabajo y se conviertan en *Integrative Coaches*. Suzanna, una de mis *coaches*, es una estupenda mujer de casi cincuenta años. Emana calidez, amor y compasión. Cuando empezó su formación, yo esperaba que se forjara una próspera práctica como *coach* a tiempo completo prácticamente enseguida.

Pero tras seis meses de esfuerzos para hacerla despegar en su práctica, resultaba evidente que algo impedía que alcanzara su meta. Aunque era una mujer notable y una brillante *coach*, a menudo cambiaba de repente presentándose tarde a las reuniones y con aspecto agobiado y distraído. Al final me senté con ella un día para revisar qué decisiones tomaba en su vida que le restaban fuerza.

Cuando empezamos a hablar, lo primero que acudió a su mente fue el hecho de que tenía tres trabajos a tiempo parcial, a la vez que intentaba seguir adelante en su práctica para ser *coach*. Aunque sus ingresos le permitían cumplir sus metas mientras su esposo trabajaba en un nuevo negocio, decía que al final de sus largos días se sentía cansada y resentida.

Le pregunté si las decisiones que estaba tomando respecto a su carrera le daban fuerza. «Es evidente que no», respondió. De hecho le estaban restando paz mental y eficacia en todas las áreas de su vida, incluida su práctica de *coach*. Cada día se resignaba más a vivir una vida que nada tenía que ver con lo que realmente deseaba. Sus elecciones tenían un impacto negativo en su relación con su esposo John, a quien adoraba.

Luego le pregunté: «De los tres trabajos que tienes ahora, ¿cuál es el que realmente te da fuerza?» Eso era una respuesta fácil de responder. Su gran pasión era ser *coach*. Me dijo que era lo único a lo que quería dedicar todo su tiempo, talento y esfuerzo. Le pedí que confeccionara una lista de todas las elecciones que le quitaban poder y la alejaban de su meta. Su lista fue la siguiente:

- En lugar de dedicar mis energías a desarrollar mi carrera como *coach*, tengo tres trabajos que me agotan y dispersan.
- No me he cuidado a mí misma, por lo que a la gente no le resulta atractivo lo que tengo que ofrecer.
- Me comprometo con demasiadas cosas, y luego utilizo la falta de tiempo como excusa para no promover ni desarrollar mi práctica de *coaching*.

Luego le pedí que hiciera una lista de lo que necesitaría para estar disponible para dedicar todo su tiempo a su práctica de *coaching*. Su segunda lista fue la siguiente:

- Tendría que dejar los otros trabajos que completan mis ingresos.
- Tendría que dedicar una hora diaria a cuidarme.
- Tendría que pasar una hora al día hablando con otras personas y promover mi carrera como *Integrative Coach*.

Desde que Suzanna se comprometió a tener una vida más estimuladora y llena de poder, tomó la valiente decisión de llevar a cabo estas acciones. Antes de llamar a sus jefes, leyó el cartel que le hice poner encima de su ordenador, que decía: «¿Esta acción me dará poder o me lo quitará?» Suzanna conocía la respuesta. Sabía cuáles eran las opciones que le darían fuerza, e inmediatamente dejó dos de sus tres trabajos a tiempo parcial. Además, adoptó la costumbre de cuidarse, lo que incluía hacer ejercicio cada día y dedicar un tiempo a descansar.

A los pocos días de haber tomado estas importantes decisiones, recibió varias llamadas, totalmente inesperadas, de personas a las que les había hablado del *Integrative Coaching*. Le pareció un milagro que cuando tomó la decisión de otorgarse poder, todo lo que quería se empezó a manifestar sin esfuerzo. Aceptar estos nuevos clientes supuso unos ingresos que casi compensaron por completo los ingresos a los que había renunciado. En el primer mes tuvo cuatro clientes nuevos, y estaba en el buen camino para conseguir su meta.

Suzanna podía haber elegido ir sobre seguro y continuar posponiendo su sueño por una falsa sensación de seguridad, pero de haberlo hecho no estaría viviendo la vida que tiene ahora. Cuando sentimos que tenemos poder, seguimos adelante con valentía. Cuando sentimos lo contrario, nos echamos hacia atrás intentando aferrarnos a cualquier cosa que creemos que nos mantendrá a salvo. Cuando no tenemos fuerzas recurrimos a los demás para conseguir autoestima. Cierra los ojos tras haber tomado una decisión que te resta poder, y podrás oír tu charla interior negativa que te conduce a un estado de resignación. Nuestro diálogo interno está impregnado del pasado, de todos nuestros fracasos, temores, errores y lamentos. La falta de poder nos debilita y hace dudar. Si repetimos con frecuencia las decisiones que nos restan fuerzas, nos llevarán a la desesperanza. Nuestra desesperanza nos conduce a renunciar, lo cual conduce a la desconfianza. Y si no podemos confiar en nosotros mismos para tomar decisiones que nos favorezcan, ¿en quién podemos confiar?

Bette tiene veintitrés años y acaba de finalizar sus estudios universitarios. Esperaba encontrar un trabajo estable y crearse un estilo de vida que la honrara y la mantuviera. Una noche que salió con unas amigas conoció a un joven llamado Nick. Él llegó pisando fuerte y le dijo todas las cosas que a las mujeres les gusta oír, es decir, que era inteligente, guapa y divertida. Lo que él no sabía es que Bette había tomado la decisión a principios de mes de no salir con nadie hasta haber encontrado el trabajo adecuado. Sus experiencias del pasado le habían enseñado que sus relaciones le habían restado mucho tiempo y decidió que no podía permitirse diversificar sus energías, si iba en serio lo de encontrar un buen trabajo. Sin embargo, al día siguiente de haberse conocido, cuando él la llamó y la invitó a comer, aceptó. En lugar de negarse y mantenerse fiel a su promesa de pasarse el día trabajando en su currículum, tomó una decisión que le quitó fuerzas y la desvió de su camino.

Al mes siguiente, estaba todavía más involucrada emocionalmente con él, y dos o tres veces a la semana optaba por dejar a un lado sus metas profesionales para verle. Cada vez que hacía algo que no era lo que se había prometido, iba perdiendo fuerzas sin darse cuenta. A los cuatro meses, su relación con Nick había concluido y ella seguía sin trabajo. Sólo que ahora, en lugar de estar sin trabajo pero con energía, estaba sin empleo y sintiéndose impotente y resignada. ¡Qué fácil es quitarnos poder! Las elecciones aparentemente inocentes hechas en el fulgor del momento pueden robarnos la esperanza del futuro y apagar nuestros sueños. Cada vez que nos decimos una cosa y hacemos otra, nos restamos fuerzas.

Puedes usar esta pregunta correcta en cualquier momento o circunstancia para determinar si tus pensamientos te dejan en un estado de energía o de impotencia. Nuestros pensamientos son los que diseñan nuestro destino. Uno de los cambios más importantes que podemos hacer es examinar su calidad y emplear esta pregunta correcta para elevar el nivel de nuestro pensamiento. Los investigadores nos dicen que tenemos aproximadamente sesenta mil pensamientos diarios, y me atrevería a decir que la mayoría son negativos. La conversación interior negativa suena a «Hoy estoy muy cansada» o «Estos pantalones me quedan fatal». Puede aparecer cuando cuelgas el teléfono tras haber tenido una conversación de negocios y te dices: «Debería haber dicho esto» o «No debería haber sido tan insistente». Cuando te das cuenta de que estás manteniendo este tipo de conversación, puedes detenerte un momento y preguntarte: «¿Escuchar este tipo de conversación me da poder o me lo quita?» Si ves que se te van las fuerzas por esta conversación mental, *¡deja de escuchar!*

Con tus conductas diarias te estás dando fuerza o te la estás quitando. Antes de empezar a comer algo, puedes preguntarte: «¿Comer esto me dará energía o me la quitará?» Antes de comprarte algo puedes preguntarte: «¿Esta compra me dará energía o me la quitará?» Es evidente que te has de asegurar de tener presentes tus metas y sueños cuando haces esto. Comprarte un conjunto de ropa nuevo en un primer momento puede parecerte una elección acertada, pero si tu meta es ahorrar, te has de preguntar: «Dado mi compromiso de ahorrar, ¿me ayudará a conseguirlo realizar esa compra?» Si tu objetivo es tener una relación más amorosa y firme con tu pareja y él o ella nos ha pedido que corrijamos nuestro hábito de gastar, tendrás que preguntarte: «Dado mi compromiso de mejorar mi relación con mi pareja, ¿comprarme este conjunto me ayudará a cumplirlo o no?» Puedes plantearte esta pregunta si estás pensando en no decirle a una amiga por qué estás enfadada o si no piensas asistir al picnic de la escuela de tu hijo. Si estás tentada a hacer uno o más recados de camino a casa, sabiendo que ello hará que llegues tarde a cenar, puedes preguntarte: «¿Esta decisión me dará más fuerza o me la quitará?»

Esta pregunta te desafía una vez más a que seas consciente de tus acciones. Antes de tomar cualquier decisión, plantéate esta pregunta correcta y busca la respuesta dentro de ti. Con frecuencia descubrirás que el mero hecho de revisar y preguntarte: «¿Esta decisión hará que me sienta débil o fuerte?», podrás ver si la acción que vas a emprender te dará o te restará fuerzas. En cada momento tomamos decisiones que nos ayudan o nos dificultan nuestra existencia. La energía es gratis, no cuesta nada. Es nuestra elección.

11

¿Es esto un acto de autoestima
o un acto de autosabotaje?

La pregunta «¿Es esto un acto de autoestima o un acto de auto-sabotaje?» te la has de plantear habitualmente si te has comprometido a tener todo lo que quieres y mereces. Cuando te quieres, sientes que vales y que mereces los dones de este mundo. La autoestima te da paz mental y equilibrio. La autoestima te aporta respeto hacia ti mismo y hacia los demás. Te da la confianza para ponerte en pie y pedir lo que quieres. La autoestima es el ingrediente principal para una vida plena y exitosa.

Creo que querernos tal como somos es una de las tareas más difíciles e importantes que tenemos en esta vida. Amarnos significa amar todo lo que somos: la persona brillante y guapa, la imperfecta y estúpida, la altruista y la egoísta, la valiente y la temerosa. Significa amar, honrar y aceptar la totalidad de nuestra humanidad. Significa valorarnos y apreciar nuestra individualidad y exclusividad. Cuando elegimos amarnos, estamos reclamando nuestra grandeza. Cuando nos amamos, nos aceptamos como una obra de arquitectura exclusiva completa en sí misma, en vez de considerarnos un proyecto en construcción que necesita retoques, cambios y remodelación.

Amarnos significa amar aquello en lo que creemos, amar nuestra procedencia, nuestras rarezas y defectos. Todos venimos a este mundo con cierto número de puntos fuertes y débiles, y puesto que es más que probable que estos aspectos nuestros no desaparezcan, nuestra labor es aceptarlos todos y compadecernos e intentar comprender las imperfecciones humanas.

El amor hacia nosotros mismos nos hace muy consciente de nuestras necesidades y nos apoya para que hagamos lo que sea necesario para satisfacerlas regularmente. Cuando nos amamos de verdad y libremente, sucede algo mágico. Enseñamos a los demás, sin necesidad de palabras, cómo amarse a ellos mismos. Nos convertimos en modelos de amor, para nuestros hijos, familia, amigos y comunidad. Les enseñamos que amarse a uno mismo no sólo es una buena opción, sino que en realidad es la única. Cuando nos concedemos el regalo de amarnos, todos los que nos rodean sienten algo en nuestra presencia y descubren niveles de amor personal más profundos. Pero lo más importante cuando nos amamos es que nos permitimos experimentar la dicha y los dones de este mundo.

¿Qué significa elegir amarse? Significa tomar decisiones con las que te sientes bien a diario, ser capaz de mirarte a la cara sabiendo que has hecho lo mejor para ti. Significa estar orgulloso de tus elecciones y acciones. Amarte significa tomar decisiones que te permiten cuidar de esa persona importante que eres.

Sólo se nos ha dado un templo del que cuidar y es en el que estamos viviendo. Si descuido el mío para cuidar del tuyo y el mío se quema, no habré cumplido mi misión en este mundo. Pero si cuido de mi propio templo, tendré recursos para ayudarte con el tuyo. Es esencial que pienses en ti mismo —en tu cuerpo, tu mente y tu espíritu— como un templo sagrado, al que honrar y cuidar. Entonces comprenderás que hasta el acto más insignificante se convierte en un autosabotaje que aumentará tu desprecio hacia ti mismo, en lugar de tu autoestima.

Cuando empecé a utilizar esta pregunta con mis clientes, comenzaba por pedirles que consideraran si sus elecciones eran actos de autoestima o de desprecio hacia sí mismos. Pronto descubrí que la mayoría de las personas tienen una comprensible aversión al concepto de desprecio hacia sí mismos. Aunque mis clientes podían ver que sus elecciones no eran actos de autoestima, la idea de que estaban haciendo algo que demostraba que se odiaban era demasiado difícil de digerir. Admito que la expresión «odiarse» suena un poco fuerte, pero desde mi punto de vista todo acto de autosabotaje es un acto de odio hacia uno mismo. Si te amas, tomarás decisiones que serán para tu mayor bien. Dedicarás un tiempo a pensar profundamente sobre lo que te hace sentirte bien. Puesto que este libro se basa en el concepto de que la verdad te hará libre, me siento obligada a hacerte ver, como acto de amor hacia mí misma, lo cruel que es tomar decisiones que no te apoyan en fomentar la vida que deseas.

Como todos sabemos, cuando amamos a alguien, buscamos lo mejor para esa persona. Dedicamos tiempo a cuidarla con el deseo de que se sienta bien. Si te has comprometido con la educación de tus hijos, no los llevas a la peor escuela que encuentras. Si quieres que estén sanos y fuertes, no les das alimentos cargados de azúcar, grasas y colesterol. Dedicas tiempo y cuidados en lo que eliges para ellos. Eres consciente de tus decisiones. Esto es lo que esta pregunta correcta hace por ti. Te pide que te detengas y dediques un tiempo a darte cuenta de aquello con lo que, consciente e inconscientemente, te has comprometido, y luego que te asegures de que las decisiones que tomas, tus elecciones, son las que te conducirán a tu destino deseado.

Cuando tenemos conductas de autosabotaje, estamos eligiendo desde nuestro yo más inferior. Permitimos que compromisos insanos nos aparten de nuestras metas. Por consiguiente, pasamos nuestros días en un estado de malestar y tristeza. Cuando nos estamos autosaboteando, cuando nos negamos a nosotros mismos nuestro propio amor, nos horroriza lo que los demás puedan pensar de nosotros. Nos convertimos en maestros del disfraz, intentando siempre esconder las cosas que no nos gustan de nosotros mismos. No sólo estamos lanzando el mensaje de que nosotros no importamos, sino de que los demás tampoco importan. Cuando nos autosaboteamos, nos negamos el derecho de conseguir lo que queremos e inconscientemente transmitimos a los demás la falsa percepción de que es normal que ellos también renuncien a sus sueños.

Recordemos que cada decisión que tomamos nos acerca o nos aleja de nuestra meta. Podemos estar seguros de que si no vamos en la dirección que decimos que queremos ir es porque de alguna manera nos estamos saboteando. Con frecuencia nos cuesta ver o admitir las conductas de autosabotaje porque resulta demasiado doloroso hacerlo, y todavía es más difícil aceptar la responsabilidad de las mismas. Encontramos complejas formas de evitar enfrentarnos a nuestra autodestrucción. Culpamos a nuestros padres, parejas, circunstancias, gobiernos o al universo por no darnos los bienes que merecemos. No nos detenemos a examinar nuestras elecciones y conductas que han contribuido a nuestra situación y nos han alejado del camino.

James es un gran ejemplo de cómo nos desviamos de nuestro camino. Vino a verme con la esperanza de mejorar la relación con su esposa Sallie. Deseaba volver a sentir el amor y la conexión que tenían al inicio de sus diecisiete años de matrimonio. Le pedí si podía identificar las elecciones que había hecho en su matrimonio y que interferían en su deseo de intimidad con su esposa. Se tomó en serio esta tarea, pero a pesar de su buena voluntad, tras semanas de buscar, no pudo identificar ninguna.

Una noche, mientras esperaba a que Sallie terminara una reunión de negocios, decidió ir a un restaurante cercano para cenar. Se sentó en una mesa en la terraza de una cafetería e hizo lo que hacía automáticamente cada vez que estaba en un lugar público: empezó a mirar a todas las mujeres que pasaban. A James le encantaba mirar a las mujeres. Le gustaba admirar sus diferentes formas y tamaños, y especialmente le gustaba fantasear sobre cómo sería estar con una de ellas. Pero entonces, en un momento de sinceridad, se dio cuenta de que lo que él consideraba un pasatiempo inofensivo era un acto de autosabotaje. Observar a otras mujeres y fantasear sobre ellas le distraía y alejaba de la suya.

La elección de mirar a otras dispersaba su excitación por Sallie. Se dio cuenta de que esta elección no sólo era una falta de respeto hacia Sallie sino que le conducía claramente en la dirección opuesta de donde se proponía ir. Describió esta actitud como un acto de autosabotaje, porque era evidente que le quitaba su energía vital y le alejaba de su meta de estar más cerca de su esposa.

Mirar a otras mujeres hacía que fantaseara en lugar de vivir la realidad de su vida con Sallie.

Al plantearse esta pregunta y tener el valor suficiente para escuchar la respuesta, sintió ánimos para seguir buscando las formas sutiles en que se había estado saboteando y arruinando su matrimonio. Su lista fue la siguiente:

- Admiro con descaro a otras mujeres, incluso delante de mi esposa.
- Le encuentro defectos a Sallie por no ser como las mujeres sobre las que he fantaseado.
- Busco en amigos y compañeros de trabajo una conexión personal más profunda en lugar de hacerlo con mi esposa.
- Me privo de tener una relación más íntima con Sallie y dejo que los pequeños resentimientos nos separen.

Tras hacer esta lista, empezó a ver que podía optar por abandonar estas conductas y utilizar la energía que empleaba en mirar a otras mujeres para buscar formas creativas de intimar con su esposa. Al darse cuenta de que su conducta del pasado había saboteado su relación matrimonial, hizo una lista de las nuevas op-

ciones que tenía y de los actos de autoestima que podían enri-
quecerle a él y a su matrimonio. Su segunda lista fue la siguiente:

- Pude escribir todas las cosas que me gustan, aprecio y admiro de Sallie.
- Pude hallar formas creativas de reanudar mi intimidad
  con Sallie.
- Dediqué diez minutos al día para recordar los momentos
  en que me sentía profundamente conectado con Sallie y
  manteníamos relaciones íntimas.
- Le escribí postales expresando mi deseo de mantener la relación íntima más apasionada que pudiéramos imaginar.

James observó que cualquiera de estas acciones eran actos de
autoestima, porque todas ellas le ayudaban a sentirse mejor respecto a su conducta con Sallie En el fondo sabía que se había
comprometido a distanciarse de Sallie, debido a su temor de tener relaciones íntimas y, como consecuencia de ello, tener conductas que le hacían avergonzarse. Cuando sentía esa vergüenza,
no quería que Sallie —ni ninguna otra persona— se le acercara
debido a lo mal que se sentía por sus propias acciones. Lo que importa saber es que cada vez que actuamos de un modo que va en
contra de nuestros deseos generamos sentimientos de culpa, vergüenza o decepción. Como es natural, mantenemos a los demás
a distancia, para que no se percaten de lo mal que nos sentimos.
Hasta que James no tomó la decisión de terminar con las conductas que le hacían sentirse tan mal, no pudo mantener la relación que decía deseaba tener con Sallie.

El autosabotaje se produce de muchas formas. Cada vez que nos
permitimos una distracción momentánea que nos aleja de nuestros sueños, cada vez que nos comparamos con otra persona y no

estamos a su altura y cada vez que contemplamos nuestra vida y nos decimos «Esto no es lo que quiero», hemos cometido autosabotaje. Cada vez que nos descuidamos y escuchamos nuestro diálogo interior negativo repitiendo lo mismo por milésima vez y cada vez que nos castigamos por no ser perfectos, estamos eligiendo el autosabotaje en vez de la autoestima.

Cometemos autosabotaje honrando nuestros condicionantes, en vez de honrar lo que desea nuestro corazón. Todos tenemos muchos condicionantes que se interponen en el camino de amarnos sinceramente: «*He de* pensar primero en los demás», «*He de* comer zanahorias cuando lo que en realidad me gustaría comerme es un buen trozo de pastel». Es muy fácil que no nos gustemos debido a estos condicionantes, pero es nuestro deber —la tarea sagrada que se nos ha asignado— aprender a amarnos como somos ahora. La autoestima no se consigue escribiendo un libro, ganando un millón de dólares o comprando una casa nueva. La autoestima se consigue a través de las pequeñas elecciones que realizamos todos los días, las decisiones que tomamos que nos transmiten el mensaje de «Eres importante. Eres una buena persona. Te mereces cuidarte. Importas».

Creo de todo corazón que ésta es la misión más difícil que hemos de llevar a cabo. Cuando realmente estamos en la divina presencia de nuestra humanidad, tomamos decisiones que reflejan amor hacia nuestro yo más profundo y nos concedemos los dones que tanto nos merecemos. Nuestros sentimientos del presente son el resultado de las decisiones que tomamos en el pasado. Si no te gusta cómo te sientes ahora, tienes el poder de cambiarlo.

¿Qué me dirías si lograr la felicidad y la plenitud fuera tan sencillo como irse a dormir tras haber elaborado una lista de todas las cosas que has hecho durante el día para alimentar tu autoestima y despertar a la mañana siguiente preguntándote cómo vas a amarte y a honrarte ese nuevo día? ¿Qué me dirías si el mensaje de todos los gurús, de los maestros espirituales de to-

dos los tiempos, de los libros de autoayuda y de todas las técnicas
de transformación que hemos creado existiera para que apren-
dieras a darte el amor que buscas en los demás? ¿Qué me dirías si
lo único que tuvieras que hacer fuera amarte y elegir cosas nuevas a partir de hoy mismo, tomar decisiones que fueran una expresión de amor hacia ti? Antes de tomar una decisión, pregúntate: «¿Alguien que se ama tomaría esta decisión? ¿Es esta acción
una expresión de alguien que se honra y aprecia?» Estas dos preguntas te devolverán a la sencilla pregunta: «¿Es esto un acto de
autoestima o un acto de autosabotaje?»

12

¿Es esto un acto de fe
o un acto de miedo?

Todas las decisiones importantes que tomamos se guían por una de estas dos cosas: o bien por un acto de fe, o bien por un acto de miedo. La fe nos abre la puerta hacia un nuevo futuro. Nos permite tomar nuevas rutas y explorar otros senderos. Cuando tenemos fe, tenemos el valor de dirigirnos a destinos desconocidos. Esta pregunta extraordinariamente poderosa: «¿Es un acto de fe o es un acto de miedo?», nos ayuda a tomar decisiones desde nuestro yo superior, desde esa parte nuestra que está íntimamente conectada con todo lo que es y será. Cuando tomamos decisiones que se basan en nuestra esencia espiritual y en nuestra fe, experimentamos una libertad sin límites.

La fe es una amiga que está de nuestra parte. Cuando le hacemos sitio en nuestro interior, es como tener tierra firme bajo nuestros pies. Cuando elegimos basándonos en la fe, confiamos en que hay un poder, una fuerza invisible que nos cuida. La fe nos da la habilidad de ver más allá de nuestras circunstancias inmediatas e imaginar nuevas elecciones más valientes para el futuro. La fe significa confiar en algo que trasciende lo que conocemos. Tener fe en que formamos parte de una totalidad superior nos permite acabar con nuestro sentido de separación. La fe nos da la fuerza y nos reafirma, a la vez que nos inunda con la sabiduría de que nunca estamos solos.

La fe es el fundamento de una vida espiritual. Cuando tomamos la decisión de actuar con fe en vez de hacerlo con miedo, somos capaces de ver el mundo desde una perspectiva más amplia.
La fe nos invita a creer en algo que no podemos ver, sentir o
conocer. Cuando nuestras acciones se basan en la fe, estamos eligiendo depositar nuestra confianza en algo que no son nuestros
temores.

Por otra parte, el miedo nos mantiene atados al pasado. El
miedo a lo desconocido, el miedo al abandono, al rechazo, a no
tener bastante, a no ser bastante, al futuro, todos estos temores y
otros nos atrapan, haciendo que repitamos los mismos patrones
y que tomemos las mismas decisiones una y otra vez. El miedo
evita que salgamos de nuestro umbral de confort —o incluso de
la incomodidad que nos resulta familiar— de lo que nos es conocido. Es casi imposible alcanzar nuestra visión más elevada de
la vida si nos guían nuestros miedos.

Nuestros miedos nos dicen lo que podemos y lo que no podemos hacer. Nos dicen que vayamos sobre seguro. Nos aconsejan
que intentemos por todos los medios aferrarnos a nuestros hábitos
y costumbres, aunque ya no nos sean útiles. La raíz de todos nuestros patrones negativos repetitivos es el miedo. El miedo hace que
siempre estemos dando vueltas a una misma cosa y no nos deja ver
una salida para un tipo de vida que nos esclaviza y somete.

¿De qué tenemos miedo? De que la vida no nos aporte lo que
creemos que necesitamos. Tenemos miedo de que si lo intentamos
y fracasamos, la herida será muy dolorosa. Quizá tengamos miedo
de que si tenemos éxito nos sentiremos culpables y no seremos capaces de asimilarlo. Temamos que si nos plantamos y reclamamos
nuestra parte del mundo, nuestros amigos y familiares nos recha-
zarán o abandonarán. Tenemos miedo de que nuestra vida se nos
escape de las manos y perdamos el control. Cada vez que hacemos
algo que no es coherente con nuestro pasado, algo que es diferente
de quienes hemos sido o de quienes creemos ser, nos enfrentamos
a nuestros miedos.

Sin embargo, si continuamos tomando decisiones desde el miedo, perderemos oportunidades vitales y nos estaremos garantizando un futuro que no será más que una continuación de nuestro pasado. Si somos realmente sinceros con nosotros mismos, veremos que muchas de nuestras acciones y elecciones proceden del miedo a que perder lo que ya tenemos —aunque no nos guste— sea peor que no conseguir lo que deseamos. Nuestros temores nos conducen a aceptar trabajos que no nos gustan, por miedo a no tener dinero. Nuestro miedo puede mantenernos en una relación que está en un punto muerto, por temor a no encontrar a nadie más, o puede conducirnos a tomar decisiones que nos deshonran, por temor a que no se vuelva a presentar otra oportunidad. Cuando es el miedo el que controla nuestras elecciones, no nos quedan muchas opciones. El miedo alimenta la duda y la autocrítica. El miedo destruye nuestros sueños y acaba con nuestras posibilidades.

El miedo hace que nos cerremos, mientras que la fe nos abre. Nuestros temores se alimentan de nuestra ira, sufrimiento, preocupaciones, resentimientos e inseguridades; la fe, en cambio, se nutre de esperanza, posibilidad, confianza y de una creencia interna en la benevolencia del universo.

Últimamente he trabajado con una mujer maravillosa que cuenta con una larga historia de sufrimiento en sus relaciones sentimentales. Lo que quería Leslie más que ninguna otra cosa era tener una relación amorosa positiva, y no hace mucho conoció a una persona que parecía ser el hombre perfecto. Aunque Jacob no era realmente su tipo, estaba emocionalmente abierto, era amable, sincero y se comprometía.

Durante meses intentó abrirse para que la relación funcionase. Había pasado años iniciando y terminando diferentes relaciones y sentía que por fin había encontrado a alguien con quien asentarse. Pero tras ocho meses de relación, estaba descontenta y con el corazón destrozado porque deseaba con todas sus fuerzas que aquello funcionara. La pregunta que no dejaba de hacerse era: «¿Hay algo que no funciona bien en mí, o sencillamente es que tampoco es él?» Estaba confundida y no sabía si debía seguir adelante con su compromiso con ese hombre o romper de una vez por todas.

Le pedí que cerrara los ojos y le pregunté: «Si tuvieras una fe total en el universo y en tu futuro, ¿qué harías?» Al momento supo que le diría a Jacob que, a pesar de que le amaba, no era capaz de seguir con su relación en esos momentos. Luego le pedí que escribiera todas las otras cosas que diría la fe. Su lista fue la siguiente:

- La fe diría: «Jacob ha sido una excelente preparación para encontrar a mi alma gemela».
- La fe diría: «No tengo por qué seguir viviendo con carencias».
- La fe diría: «Confío en que hay un plan superior para mí aunque no pueda verlo ahora».
- La fe diría: «Deja que se marche».
- La fe diría: «Hay alguien que me amará y cuidará más que Jacob».

Luego le pedí que escribiera lo que diría el miedo. Su segunda lista fue la siguiente:

- El miedo diría: «Nunca encontraré a nadie mejor».
- El miedo diría: «Me quedaré sola si no me quedo con Jacob».
- El miedo diría: «Me debe pasar algo raro y por eso no estoy contenta con Jacob».
- El miedo diría: «Algo pasa conmigo que nunca puedo tener relaciones a largo plazo».

- El miedo diría: «Quédate con Jacob, porque es mejor que estar sola».

Cuando terminó de escribir sus listas, se dio cuenta de que la única decisión justa que podía tomar era finalizar su relación con Jacob. Vio claramente que estaba con él más por miedo de no encontrar a nadie que por pensar que fuera la pareja perfecta para ella. Reconoció que una de las razones de que terminaran mal todas sus relaciones era que el miedo le hacía alargarlas más de lo conveniente y siempre terminaba haciendo algo drástico que los hería a ambos.

Hemos de preguntarnos: «¿Dónde está mi fe en estos momentos? ¿Está en mis temores? ¿Está en la idea de que no voy a conseguir lo que quiero, o la estoy depositando en la perfección del universo? ¿Tengo fe en que se me guiará hacia las circunstancias que me darán justo lo que necesito?»

La mayoría de las personas depositamos mal nuestra fe. Confiamos más en nuestro sufrimiento, en el pasado, en las creencias negativas que en nuestro derecho innato a ser felices. Tenemos fe en ser víctimas, en que no vamos a conseguir lo que queremos, que nos van a engañar, o que la vida no nos funcionará bien. No confiamos en que se satisfarán nuestras necesidades. No confiamos en que conseguiremos todo lo que queremos. Cuando ponemos la fe en nuestros temores, nos cerramos y desconectamos de lo que más deseamos. Cuando confiamos en nuestras creencias negativas, en nuestros defectos e inseguridades, nos privamos de la oportunidad de crecer, cambiar y florecer para convertirnos en esos seres divinos que hemos venido a ser. Plantearnos esta pregunta pondrá enseguida de manifiesto en qué medida confiamos en nosotros.

Cuando elegimos vivir con fe, nuestra principal tarea es dimitir como gerentes del universo. La fe nos pide que entregue-

mos el control de nuestras vidas. La entrega es un acto de valor.
Es una senda divina que nos abre a realidades trascendentes. Entregarse y vivir con fe es reconocer la naturaleza divina del universo. Entregarse confirma que confiamos en un poder superior
que atiende a nuestras necesidades y nos guía en la dirección de
nuestros más profundos deseos. Entregarse es un acto de fe; es
un don que tú mismo te otorgas. Es como decir: «Aunque estoy
asustado o no estoy seguro de adónde voy, confío en que todo
será para mi bien». Fe equivale a confianza. La fe nos ofrece esperanza, oportunidades y promesas. Si elegimos vivir con fe, tendremos la bendición del apoyo y la colaboración del universo.

13

¿Elijo desde mi divinidad
o desde mi condición humana?

Esta pregunta correcta tiene el poder de cambiar toda tu vida. Preguntarte «¿Elijo desde mi divinidad o desde mi condición humana?» puede sacarte de la insignificancia de tu realidad como persona y conducirte a un lugar donde tengas el poder y la sabiduría para trascender cualquier circunstancia o lucha mundana. Cuando te planteas esta pregunta, al momento pasas de una vida condicionada, que es una mera reacción al mundo que te rodea, al fundamento eterno y seguro que se asienta en la verdad divina.

La conciencia divina y la humana coexisten en nuestro interior. La mayoría no somos conscientes de que, aunque somos humanos, en cualquier momento tenemos acceso a niveles más altos de conciencia. Cuando accedemos a esos niveles superiores de conciencia, nos abrimos a una experiencia divina que cambia nuestra visión de la vida y de las pruebas y tribulaciones de nuestra existencia humana de todos los días. Hacerse esta pregunta correcta nos abre la puerta a la experiencia de ámbitos de realidad que puede que nunca hubiéramos visitado antes.

Cuando observamos nuestra vida y experiencias con esta perspectiva divina, de pronto vemos otras opciones, que nos estaban vedadas cuando mirábamos a través de nuestra lente humana. Tomamos la decisión consciente de trascender nuestros egos, temores y limitaciones de nuestra realidad individual, tenemos acceso a información e ideas que antes no veíamos a través de nuestra limitada visión humana.

Cuando miramos desde una perspectiva divina, sabemos intuitivamente que las acciones que realizamos beneficiarán a los demás tanto como a nosotros. Esto significa que hemos tenido en cuenta algo más que nuestra propia realidad, y que también estamos abiertos a las perspectivas de los demás. Todos hemos oído la expresión de que hay tres versiones de cada historia: la tuya, la de los otros y la mía. Cuando podemos ver todas estas realidades a un mismo tiempo, trascendemos las limitaciones de nuestra condición humana y despertamos a la visión divina. Lo que podemos conseguir con nuestros esfuerzos humanos no es nada en comparación con lo que podemos conseguir cuando nos abrimos a lo divino.

Muchas personas no se dan cuenta de que podemos elegir qué aspecto queremos utilizar para construir nuestras vidas. No es de extrañar que la mayoría empleemos los más bajos —nuestros temores, nuestro ego, nuestros anhelos y nuestra condición humana— para que influyan en nuestras decisiones, guíen nuestras acciones y dirijan la función. Nuestra condición de seres humanos es esa parte nuestra que es dirigida por el instinto de supervivencia y el miedo. Es esa parte que se esfuerza, manipula y controla para conseguir lo que cree que nos aportará la felicidad. Nuestro aspecto humano ansía reconocimiento y reivindica lo que creamos en nuestra vida. Nuestro aspecto humano se aferra a estrategias y agendas porque no se siente lo bastante seguro como para depositar su confianza en el orden divino de la vida. Cuando elegimos desde la perspectiva de nuestra condición humana, al final nos sentimos impotentes, deprimidos y agotados.

Es importante saber que nuestro aspecto humano no es «malo». De hecho, es hermoso. Para vivir plenamente hemos de reconciliarnos con nuestro aspecto humano, pues sólo entonces seremos capaces de entregar nuestra vida a lo divino. Nuestro aspecto humano es el guardián de muchos de nuestros dones, pero también está cargado de limitaciones, excusas y agendas egotistas.

Esta «pregunta correcta» nos da la oportunidad de elegir cuál de nuestros aspectos guiará el curso de nuestra vida, nuestras decisiones diarias y nuestra conciencia del día a día. Nos da el poder de elegir: «¿Quién dirigirá hoy la función: mi condición como ser humano o como ser divino?»

───── ⊱✪⊰ ─────

Cuando llevé la atención de Shelley hacia esta pregunta, se encontraba a punto de estallar. Era una madre divorciada que intentaba combinar sus carreras como profesora de enseñanza media, madre de dos muchachos adolescentes y pareja del hombre al que amaba. Siempre en un estado de saturación, solía estar enfadada, frustrada y descontenta. La falsa sonrisa de su rostro hacía que quienes la rodeaban se sintieran engañados y confusos, porque, aunque no dejaba de sonreírles, les estaba comunicando con un tono bastante rudo todo aquello que creía que se había de hacer de otro modo. Daba órdenes a todos desde que se levantaba hasta que se acostaba. Se pasaba el día pensando en nuevas formas de sacarle más dinero a su ex marido, en mantener el interés de su novio y en hacer que sus dos hijos cumplieran con todas las actividades de sus listas —incluidos los deberes— a tiempo y sin quejarse. Hasta ella misma reconoció que se estaba convirtiendo en una maniática del control y empezaba a odiarse por ello.

Un día, después de haber tenido un altercado con otro profesor en la escuela, Shelley se fue corriendo a la sala de profesores y empezó a llorar. Era la gota que había colmado el vaso y ya no podía más. De pronto ante tanto dolor, descontento y frustración, por primera vez se dio cuenta de que necesitaba ayuda. Cuando vino a uno de mis seminarios, le pedí que hiciera una lista de todas las cosas que deseaba en su vida. Su lista fue la siguiente:

- Quiero paz mental.
- Quiero confiar en que los que me rodean se cuidarán solos.
- Quiero tener todos los días un tiempo para mí.
- Quiero saber que tengo ayuda y apoyo.
- Quiero sentir que estoy conectada con el resto del mundo.
- Quiero ser alguien que tenga algo que decir en el mundo.

Al leer su lista era fácil ver que se encontraba ante una de las luchas humanas más comunes. Se sentía aislada, sola, asustada y totalmente desconectada del resto del mundo. Su vida se había convertido justo en lo que trataba de evitar. Se había convertido en otra persona que intentaba sobrevivir, en lugar de ser la gran mujer que aspiraba a ser, alguien que aportara algo al mundo y fuera muy respetada en la sociedad.

Le pedí que reflexionara sobre las decisiones que había tomado en los últimos años y que se preguntara si las había hecho desde su condición humana o desde su ser superior. Al principio me miró como si yo estuviera loca. Sencillamente el concepto de divinidad no estaba en su mente. No obstante, le señalé que todas las elecciones que hacemos las hacemos o bien desde nuestro yo inferior, desde nuestra condición humana, o bien desde nuestro ser superior, desde nuestra divinidad. Cuando se lo expliqué de ese modo, no tardó ni un segundo en darse cuenta de que la gran mayoría de sus decisiones procedían del miedo, de reacciones debidas al pasado, y las hacía sólo teniendo en cuenta sus preocupaciones personales, sin considerar esa contribución que quería hacer al mundo. Le expliqué que esa respuesta no era «mala» y que, de hecho, la mayoría elegimos automáticamente velar por nuestros propios intereses, porque es algo muy humano. Le aseguré que se trataba de nuestro instinto natural de supervivencia, y que si no nos lo recuerdan y estamos atentos, caemos sin darnos cuenta en la programación automática del mí, del mío, del yo mismo y del yo, que es el lenguaje primario de nuestra condición como seres humanos.

Después de tomarse algún tiempo para reflexionar sobre nuestra conversación, le pregunté si estaba dispuesta a contemplar su vida desde una perspectiva superior. Le pedí que cerrara los ojos y que se conectara con la visión más elevada que tiene de sí misma. Mientras recordaba cuando era más joven y estaba dispuesta a cambiar el mundo, sus lágrimas se deslizaban por sus mejillas. Volvió a conectarse con su profundo deseo de llegar a ser una profesora que supiera estimular, y escribir libros de pedagogía para ayudar a los profesores a mejorar su rendimiento y poder así ayudar a la juventud de nuestros tiempos. Sus sueños de tener una familia feliz y maravillosa que llenaran su vida de amor, de actos compartidos y de risas, también llevaban ocultos mucho tiempo.

A los pocos minutos, se encontró ante el futuro que había regido tantas de sus decisiones de joven adulta y observó cómo al cabo de unos cuantos desengaños —su ruptura matrimonial y otros sucesos de su vida— esos sueños se habían convertido en un vago recuerdo.

Luego le sugerí que hiciera una pausa para comer en silencio, y que durante ese tiempo se imaginara que volvía a ser joven y que todavía estaba en el umbral de su espléndida vida. Le pedí que volviera a hacer una lista de todas las cosas que haría si supiera que es un ser divino con el poder de hacer magia en su vida y en la de los demás. Le pedí que soñara a lo grande y que imaginara que todo es posible. La pregunta en cuestión era qué acciones realizaría si la guiara su divinidad en lugar de su condición humana. Su lista fue la siguiente:

- Cada día al levantarme por la mañana dedicaría diez minutos de silencio y oración para conectar con mi ser superior.
- Formularía una afirmación de propósito para recordarme mi sueño de ayudar a los profesores de todo el mundo.
- Pertenecería a alguna organización pedagógica y asistiría al menos a dos conferencias al año, aunque tuviera que pagármelas yo.

- Involucraría a mis hijos en mi visión de cambiar la calidad de la educación y les pediría que fueran mis socios.
- Le pediría a mi compañero que me dedicara una hora a la semana a ayudarme a encontrar nuevas oportunidades que fueran acordes con mi visión.
- Informaría al jefe de estudios y a los otros profesores de mi escuela sobre mi compromiso.
- Compartiría mi visión con mis alumnos.
- Formaría un equipo de profesores que tuvieran las mismas metas o similares y crearía un grupo de apoyo para que todos pudiéramos cumplir nuestros objetivos.
- Buscaría un buen trabajo de verano para completar mis ingresos.

En menos de una hora estaba resplandeciente, inspirada, enérgica y conectada con su corazón. Su hostilidad había desaparecido y sólo había sentimientos de amor y de aprecio.

Semanas más tarde me dijo que su comprensión de la diferencia entre elecciones humanas y divinas había transformado por completo su realidad, así como la de quienes la rodeaban. Sus hijos estaban entusiasmados y se sentían más amados y aceptados; su compañero estaba entusiasmado de que se hubiera reencontrado con su sueño. Ella decía que sentía como si la estuvieran guiando hacia algo mucho más elevado. «El mayor regalo que he recibido de esta pregunta —me dijo— es que ahora me siento conectada con la totalidad.»

Casi me atrevería a afirmar que el 90 por ciento de las personas dejamos que nuestro yo humano dirija nuestra vida, por la sencilla razón de que hemos olvidado que tenemos el poder de elegir un camino superior. Ni siquiera los que nos hemos trabajado mucho interiormente o realizamos alguna práctica espiritual diaria podemos dar por sentado que nuestras acciones serán guiadas automáticamente por nuestra divinidad, porque nuestras tendencias humanas están muy arraigadas. Cuando utilizamos esta pregunta es importante comprender que tomar decisiones desde nuestra divinidad es una práctica que hemos de cultivar todos los días en todo momento. Para la mayoría, el modo de actuar de forma automática es desde su condición humana.

Todos podemos experimentar el éxito cuando tomamos decisiones como seres humanos. Sin duda es posible generar resultados y sentirse realizado actuando desde esa condición humana. Yo misma lo he comprobado muchas veces. Pero también sé por experiencia personal que cuando conectamos con lo divino, cuando tomamos la decisión de pedir una guía y un poder que trascienda nuestro yo individual, lo que recibimos es más grande de lo que nosotros, como seres humanos con limitaciones, podríamos haber creado. Tanto si se trata de un negocio, de una relación como de un tema de educación de los hijos, cuando nos damos permiso para dejar a un lado a nuestro yo pequeñito, el resultado son cosas muy grandes. Cuando nos empeñamos en resolver un problema desde nuestra condición como seres humanos, nuestras opciones son muy limitadas. Pero cuando entregamos la situación a lo divino, la respuesta puede llegar de muchas formas. De pronto, podemos ver una respuesta que siempre ha estado presente. Todos hemos tenido alguna experiencia de *serendipity*, descubrir por casualidad o hacerse con algo que deseamos, como que alguien nos envíe un artículo que nos proporciona la respuesta que estábamos buscando o nos encontramos con una persona que hace mucho tiempo que no hemos visto y descubrimos que tiene el conocimiento o contacto que necesitamos en esos momentos para sacar adelante nuestro negocio. Lo divino no tiene límites —actúa más allá de nuestras limitaciones humanas—, y cuando elegimos ver nuestra vida a través de los ojos divinos, nos damos cuenta de que tenemos muchas opciones.

Éste fue sin duda el caso de Mark, un hombre cercano a los sesenta, que ya está jubilado. De joven había sido un célebre abogado en Miami, un factor que tener en cuenta. Era famoso por su genialidad y falta de misericordia. Se lo consideraba tenaz, brillante y controlador. Había utilizado su fuerza y conocimientos para apabullar a la gente. Su saber sobre leyes lo había llevado a la cima de su carrera. Cuando no se ocupaba de los negocios de sus clientes, se ocupaba de sus propias *vendettas*. Su principal compromiso era pasar cuentas con las personas que consideraba que se habían portado mal con él. Pasó veinticinco años de su existencia tomando decisiones desde su condición humana, sin saber que éstas acabarían robándole su fuerza vital, quitándole todo su poder y llevándose su derecho a una vida feliz. De hecho, su apego a sus batallitas personales le costó su pasión y realización personal.

Un día, tras haber finalizado otra de sus guerras privadas, ya no pudo más. Se dio cuenta de que no importaba ganar o perder. Siempre que acababa cualquiera de sus juicios se sentía absorbido, cansado e insatisfecho. No había gloria, ni resolución, ni satisfacción en ninguno de sus objetivos superficiales. En un momento de gracia, despertó y reconoció que sus victorias eran superficiales y sus derrotas devastadoras. Ya no podía seguir actuando desde ese lugar que sólo estaba interesado en saldar cuentas.

Mark hizo un gran gesto, cerró su bufete y arrinconó su título de abogado. Avergonzado por su conducta obsesiva buscó una guía superior. Para su sorpresa, las respuestas que requería llegaron con facilidad. Descubrió que había una fuente de justicia superior a él en el mundo y que la senda divina era el camino hacia la gloria, mientras que la humana era la senda del sufrimiento. Comprobó que cuando se alejó de sus sufrimientos y tomó la senda superior, no sólo se ayudó a sí mismo sino a toda su familia y a su comunidad.

Le pedí que hiciera una lista de lo que le había aportado vivir como ser humano. Su lista fue la siguiente:

- Seguridad económica.
- Una gran reputación.
- Éxito.
- Broncas.
- Inestabilidad emocional.
- Conflictos internos.
- Ira.
- Sufrimiento.
- Decepción.
- Resignación.
- Vacío.

Mientras hacía la lista, pudo ver que, a pesar de su éxito exterior, su vida interior era un desastre. Se dio cuenta de que si aceptaba que existía un poder superior, más inteligente y justo que el suyo, y que si tomaba decisiones basándose en ese poder, conseguiría recompensas que nunca hubiera podido imaginar. Luego le pedí que hiciera una lista de lo que tendría en su vida si eligiera desde su divinidad. Su lista fue la siguiente:

- Paz mental.
- Autoestima.
- Dedicar más tiempo a proyectos de la comunidad.
- Pasar más tiempo con su familia.
- Tener tiempo y energía para ser creativo y productivo.
- Un corazón más lleno de amor.
- Un mayor aprecio de su tiempo y energía.

Empezó a tener una visión más amplia de su vida y de sus opciones. Ahora vive todos los días con el entendimiento de que, como seres humanos, tenemos mucho potencial para crecer, expandirnos y contribuir a las vidas de las personas que se cruzan en nuestro camino, y que nuestro tiempo es limitado. Aprendió por las malas que cuando pasamos el tiempo criticando, culpando, juzgando y trastornando todo nuestro mundo, estamos eligiendo vivir en un plano de conciencia donde reina el sufrimiento y el descontento. Compartió conmigo la sabiduría que le proporcionó esa experiencia: cuando disponemos nuestro tiempo a la visión limitada, no podemos dedicar ninguno a la visión amplia. La visión amplia no sólo nos incluye a nosotros, sino al mundo que nos rodea. Mark comprendió que actuar desde su aspecto divino puede suponer que a veces tenga que poner la otra mejilla o ceder en algo. La visión amplia nos insta a que comprendamos que hay muchas personas inconscientes en el mundo que actúan de formas que destruyen el bienestar de los demás.

Cuando decides usar esta pregunta correcta, el primer paso es comprometerte a tomar la senda superior y dejarte guiar por el poder en el que crees. Puede ser Dios, el Espíritu, el universo, el amor, la naturaleza o el aspecto superior de ti mismo. Luego has de hacer una lista de lo que estaría a tu alcance si dejaras que tu vida fuera dirigida por ese poder, si le permitieras que hiciera cosas por ti que tú solo no podrías. Yo lo hice hace algunos años, cuando me comprometí a dejar que mis acciones fueran dirigidas por mi ser superior. Fue importante escribir todos los beneficios que obtendría si elegía separarme de mi condición humana. Siempre tenía cerca esa lista para que, cada vez que me viera impulsada a tomar una decisión que no fuera para servir a la totalidad, pudiera leerla y volver a ese lugar divino en mi interior. Ésta es mi lista de lo que recibo cuando me dejo guiar por mi aspecto divino:

- La fe de que todo será para mi bien, aunque no pueda verlo en ese momento.

- El conocimiento de que obtendré todo lo que necesito, incluido tiempo.
- Paz mental y la apertura a la experiencia de realidades superiores.
- El alivio de sentir que fluyo con la vida, en lugar de esforzarme para que pasen las cosas.
- Guía hacia las personas y lugares correctos para difundir mi mensaje.
- El conocimiento de que puedo confiar en el orden divino.
- El conocimiento de que nunca estoy sola.

Cuando nos comprometemos a que sea nuestro yo divino el que guíe nuestra vida sucede algo mágico. Empezamos a ver el mundo con una visión pura y de amor. Nos despertamos y buscamos las pruebas de que la divinidad actúa en nuestra vida y podemos centrarnos en lo que está sucediendo en el momento presente en lugar de proyectarnos al futuro o morar en el pasado. Buscamos oportunidades que sirvan a un fin superior y estamos dispuestos a abandonar nuestras opiniones por justas que nos parezcan para ver lo bueno de las situaciones. Cuando miramos con nuestros ojos divinos, buscamos lo bueno de la vida y estamos agradecidos por estar vivos y tener un cuerpo, por tener el valioso don de pensar, sentir y contribuir.

Sabrás que estás siendo guiado por tu divinidad cuando siempre te sorprendas —y maravilles— de tu vida y del universo. Te sentirás conectado y seguro y confiarás en que recibirás todo lo que necesitas y deseas. Sentirás que tienes derecho a la ayuda y el apoyo del universo, y observarás maravillado cómo se hacen realidad espontáneamente los deseos de tu corazón.

De modo que la gran pregunta es: ¿qué necesitarías hoy para elegir una experiencia divina en lugar de una experiencia humana? ¿Qué ayuda necesitarías para recordar que puedes elegir? ¿Qué es lo que te va a recordar que todos los días puedes elegir? Al principio de mi proceso solía ponerme notas adhesivas con la pregunta: «¿Estoy eligiendo desde mi condición humana o desde mi condición divina?» Me las ponía en el coche, en el monedero y por toda la mesa. También nos ayudábamos una amiga y yo, y cada día nos llamábamos para recordarnos desde dónde tomábamos las decisiones. La cuestión es que, si vamos a hacer algo fuera de lo común y vivir nuestra vida desde el estado de conciencia superior, hemos de estar presentes en las decisiones que tomamos cada día.

Todos podemos acceder a nuestra divinidad y compartirla con el mundo. Elegir desde la perspectiva de nuestra divinidad significa que accedemos conscientemente a ese lugar superior que hay en nuestro interior antes de tomar decisiones que nos afectarán a nosotros, a los demás y al mundo. Significa que nos entregamos a algo superior y que estamos dispuestos a abandonar nuestra postura. El valor de esta pregunta es su capacidad para hacer consciente lo inconsciente y ayudarnos a acceder a visiones que antes no podíamos ver.

Plantearnos esta «pregunta correcta» nos permite acceder a la versión más amplia y expandida de nosotros mismos, a pesar de seguir viviendo nuestra experiencia humana. ¿Qué mejor forma puede haber de vivir la vida que aportar belleza, dulzura y magnificencia a todas las situaciones? ¿Qué mayor don podemos dar al mundo que permitir que reine libremente lo divino en nuestras vidas?

14

Vivir las respuestas

¿Te has preguntado alguna vez qué es lo que hace extraordinaria a una persona? Una persona extraordinaria es una persona ordinaria que toma decisiones extraordinarias. La gente extraordinaria tiene una visión más grande de sí misma que la que le dictan sus compromisos subyacentes. Utiliza su vida personal para servir al mundo. La gente extraordinaria toma decisiones que no sólo son coherentes con las expresiones más elevadas de sí misma, sino con lo que es mejor para el mundo. Si examinas detenidamente a las personas que consideras extraordinarias, descubrirás que tienen un compromiso con la excelencia, con contribuir, con no quedarse estancadas, con ser un ejemplo para los demás y con tomar la senda más elevada.

Todos tenemos este potencial extraordinario. Toda semilla encierra una flor, y en nuestro interior tenemos la capacidad de vivir una vida extraordinaria. Del mismo modo que una semilla necesita agua y sol para florecer, nosotros necesitamos nutrirnos y que nos apoyen para que florezca toda nuestra magnificencia. Te prometo que planteándote las preguntas correctas y realizando las acciones pertinentes, siempre tomarás decisiones extraordinarias, las decisiones que te permitirán ser la persona que querías ser.

Inicié el milagroso viaje de despertar a la totalidad de mi humanidad y mi divinidad hace casi veinticuatro años. Para vivir la vida extraordinaria de la que gozo hoy en día, he hecho miles de seminarios, asistido a montones de conferencias, leído miles de libros y realizado cientos de terapias. Pero, a decir verdad, lo que más me ha servido de todas esas maravillosas herramientas fue la presencia de mi *coach*. Una vez oí decir: «Nadie llega a los Juegos Olímpicos sin un entrenador, entonces, ¿cómo intentas conseguir una vida magnífica sin uno?» ¡Vaya!, pensé, parece muy claro. Los *coaches* son nuestros guías. Nos indican dónde estamos, tienen una visión de adónde nos dirigimos y nos ayudan a realizar las correcciones que sean necesarias para alcanzar nuestras metas. Todos necesitamos un *coach* y todos tenemos derecho a tenerlo. Al principio de mi viaje decidí que necesitaba uno si quería conseguir lo mejor para mí y mi familia. Puedo decir con toda sinceridad que, desde entonces, nunca he estado sin un apoyo y guía en alguna área de mi vida. Con los años he tenido diferentes *coaches*, algunos eran amigos, otros profesionales. Están en todas partes donde los buscamos. Pero nos serán tan útiles como les permitamos serlo.

Hoy en día, mis *coaches* se aseguran de que hago exactamente lo que he dicho que voy a hacer. Me señalan los puntos débiles de mi visión y me indican cuáles pueden ser los siguientes pasos. Mis *coaches* son mis defensores. Siempre están en segundo plano ayudándome a que me asiente e inspirándome a ser tan grande como me sea posible.

No cabe duda de que no podría haber llegado hasta donde estoy ahora si hubiera estado sola. Cuento con el apoyo de algunas de las personas más extraordinarias del mundo. Me rodeo de personas que se dedican a mi visión y a procurarme lo mejor —del mismo modo que yo hago con ellas—, y que son implacables en su compromiso de asegurarse de que transmito el mensaje que quiero dar al mundo. Me llaman la atención cuando me desvío, me plantan cara cuando me pongo difícil, me muestran su cariño cuando tengo miedo, me aplauden cuando soy brillante, y la mayoría me inspiran para que sea la mejor persona posible.

Hay una última pregunta que quiero plantear: ¿qué necesitarías para crear un equipo que fuera tu adorado pelotón? ¿Qué tendrías que crear para asegurarte de que, estés donde estés, tendrás a alguien a tu lado que compartirá tu visión y te recordará las preguntas correctas? ¿Alguien que te apoye para tomar las decisiones que están en conexión directa con tus sueños para el futuro?

Para obtener este apoyo no tienes que gastarte mucho dinero. Si no te puedes permitir un *Integrative Coach* o un *life-coach*, puedes reunir a personas que te ayuden a plantearte las preguntas correctas y a tomar las decisiones apropiadas. Puedes pedírselo a un profesor, a un amigo que admires o a un mentor, y puedes devolverle el favor a otra persona. Lo único que necesitas es alguien que no deje que te comprometas o que vuelvas a caer en tus compromisos subconscientes, una persona que te recuerde lo que has dicho que harías y que te recuerde tus metas, aun cuando las pierdas de vista.

Espero que veas que las «preguntas correctas» no son para tomar esa decisión importante, sino para las pequeñas decisiones que tomas a lo largo del día. Las preguntas tienen el poder de ayudarte a tomar la decisión más importante para ti en cada momento de tu vida. Si no es eso lo que estás buscando, si prefieres autocompadecerte, si estás comprometido con ser víctima, en lugar de ir tras lo que deseas, no utilices estas preguntas. Pero si, por el contrario, estás comprometido con ser el creador responsable de tu realidad, con ser lo mejor que puedes ser y en hacer que tu vida cambie, estas preguntas te muestran el camino.

Las preguntas correctas te despiertan a las consecuencias de tus elecciones y te motivan a tomar la senda más alta. Sólo cuestionándote tus respuestas automáticas conseguirás romper el trance de la negación y cambiar de ruta. En última instancia tú eres el único que puede cambiar el rumbo de tu vida. Nadie puede hacerlo por ti. Las personas te pueden decir muchas veces que vas por el mal camino, pero hasta que no lo compruebas por ti mismo, hasta que no te cansas de andar en círculos, no cambia nada. Nadie puede elegir el rumbo de tu vida, nadie sino tú puede forzarte a tomar un determinado camino. Tú has de decidir: el camino hacia ninguna parte, o el que te lleva al destino de tus sueños, una vida extraordinaria. Tú eliges.

Sobre la autora

Debbie Ford, autora *best seller* del *New York Times,* es una experta en el campo de la transformación personal reconocida internacionalmente. Sus tres libros anteriores, *The Dark Side of the Light Chasers, The Spiritual Divorce* y *The Secret of the Shadow* han sido traducidos a veintidós idiomas y se utilizan como libros de texto en universidades y otras instituciones de enseñanza y de trabajo interior de todo el mundo. Es la fundadora del The Ford Institute for Integrative Coaching, una organización de desarrollo personal que instruye a las personas que tienen un verdadero interés en las habilidades, distinciones y procesos que suponen una forma única e impactante de *coaching*. Cientos de *Integrative Coaches*® titulados utilizan el programa de Debbie para ayudar a las personas a que consigan el máximo de su vida.

La misión de Debbie es «inspirar a la humanidad a tener vidas totalmente integradas». Además de dar conferencias y dirigir grupos por Estados Unidos y Canadá, también dirige personalmente su aclamado «Shadow Process Workshop», una profunda experiencia de tres días que sirve para cambiar tu vida y que inspira autoestima y libertad emocional. Su página web www.debbieford.com atrae a miles de visitantes cada mes, que se han comprometido a crear resultados extraordinarios a través de sus numerosas clases televisivas, visitas a comunidades, boletines de noticias y cintas de audio. También es autora de *The Right Questions in Action,* un boletín informativo quincenal sobre *coaching*.